モーツァルトのオペラ 「愛」の発見

岡田暁生

講談社学術文庫

はじめに　「時代の子」としてのモーツァルト

モーツァルトは「語る」ことが本当に難しい作曲家である。その音楽の形容を絶した美は、聴けば誰にでも分かる。それを承知で何を今さら語るのか。批評行為というものが本質的にはらんでいる饒舌の無作法を、モーツァルトの音楽は痛烈に意識させずにはおかない。誰とは言うまいが、批評する者をして雄弁のヒロイズムに導いてくれるタイプの作曲家がいる。それについて語れば語るほど、その「偉大さ」に語る者もまた同化できるかのような錯覚を与えてくれる、そんな作曲家である。しかしモーツァルトの場合しばしば、もちろん例外はあるにしても、論じれば論じるほど本質的なものは遠のいていく。議論すること自体がどことなく気恥ずかしくなってしまう。何かしら一番肝心なことを外しているような気になってくるのである。

モーツァルトを語る難しさは、もう少し具体的に言うなら、いわゆる「偉人伝」的な語り口の中に、どうにも彼の創作がうまく納まってくれない点にあるように思う。モンテヴェルディやバッハやベートーヴェンやヴェルディやワーグナーやマーラーやシェーンベルクのような意味では、モーツァルトは「文句なしの大作曲家」ではなかったとすら言えるのかもしれない。伝統に反抗するだけでなく、体制を本当にひっくり返してしまう革命家の資質。旧秩序を破壊した後で、揺るぎない新秩序を一人で作ってしまう泥臭いエネルギー。人を畏怖させずにはおかない厳かな権威。それを演出するための形而上学的なオーラ。異論の余地なき大作曲家として祭り上げられるには、大なり小なり粗野なところのあるこうした父権のカリスマが不可欠であるとすれば、モーツァルト――実人生の上でも彼は永遠のピーターパンみたいな人物だったと思われるが――は、音楽の歴史の「父」になるにはあまりに自由で、奔放で、繊細すぎたということだろうか。

もちろん音楽史には、とりわけロマン派の時代において、アンチ父権的なタイプの大作曲家も数多くいる。シューベルト、シューマン、ショパンらは、その典型だろう。彼らの十八番は、青白い顔の受難者のごとき苦悩の身振りである。そしてモーツァルトもまた、実人生の絶望の刻印としか思えないような作品をいくつも残していて、その意味で彼は既にロマン派を予告していたとも考えられる。だがモーツァルトの音楽の基調はあくまで微笑みであって、絶望的な作品においても彼は、端正な貴族社会的たたずまいを決して崩さない。いわんやロマン派の「大」作曲家の多くのように、傷ついた内面生活の告白を露出狂よろしく商売道具にするなどといったことは、モーツァルトの美学の矜持におよそ反することだっただろう。『リヒァルト・ヴァーグナーの苦悩と偉大』とはトーマス・マンの高名な講演の題名であるが、一九世紀以来の芸術批評がある人物の創作の比類なさを称揚しようとする際に大なり小なり依拠してきた「苦悩」と「偉大」という二つのカテゴリー、つまり「みんな悩んで大きくなった」という物語がどうにも機能しない作曲家、それがモーツァルトなのである。

いわゆる「大作曲家礼賛」以外のやり方でもって人々がモーツァルトを賛美するようになり始めたのは、映画『アマデウス』の公開（一九八四年）や没後二〇〇年の大騒ぎ（一九九一年）前後からのことだろう。映画『アマデウス』以後の「かるーいモーツァルト像」は、間違いなく、ある歴史的趨勢の中で必然的に出てきたものである。従来のクラシック音楽の代名詞であったベートーヴェンはいつの間にか影が薄くなり、重々しい教養主義的な鑑賞スタイルは時代遅れのレッテルを貼られて、「軽やかな聴取」が喧伝されるようになる。このアンチ・クラシック時代におけるクラシックのスター／トリックスターとしてやたらにもてはやされるようになり始めたのが、モーツァルトなのである。この時期が、政治的には冷戦終結（日本ではバブル時代）、文化的にはポストモダン思想や文化相対主義の流行によって特徴づけられるのは、偶然ではあるまい。イデオロギーへの幻滅、「がんばれば報われる」的な右肩上がりの発想への懐疑、重厚な教養文化の崩壊などは、どこかで近年のモーツァルト・ブームとつながっているはずである。

アドルノ、フーコー、アルチュセール、デリダ、ドゥルーズといったモダン批判の急先鋒の哲学者たちが、折に触れて一八世紀への深い愛着を垣間見せていたことは、よく知られている。モーツァルト・ブームもまた、このモダン崩壊の文脈の中で生じてきたものなのだろう。生誕二五〇年にあたる二〇〇六年に出版された大部のモーツァルト論の中で、ドイツの音楽学者マルティン・ゲックは次のように書いている。「バッハとベートーヴェンの間ではほっと深呼吸が出来る瞬間。説法でもなく、告白でもエトスでも、あるいはドイツ的深さでもない、ただ自由だけがある世界。行動する自由、感じる自由、考える自由。同時に絶対的幸福の予感。（中略）バッハやベートーヴェンやワーグナーやシェーンベルクがわれわれに語る時、彼らは果たしてわれわれと何かを分かち合おうとしているだろうか？　しかしモーツァルトは違う。彼はわれわれと分かち合おうとするのだ」——私の知る限りこれは、最も熟慮され、最もエレガントで、最も知的な、「今」の時代のモーツァルト定義である。[1]

とはいえ、モーツァルトの「軽やかさ」の強調を、最近の（とりわけ日本における）癒し音楽《ヒーリングミュージック》的な受容にまでエスカレートさせてしまっては、これまた本末転倒だということも、ここで声を大にして言っておかねばならない。モーツァルトを胎教に使う、日本酒にモーツァルトを聴かせて発酵させる、モーツァルトを聴けば頭がよくなる——モーツァルトの音楽はそんなに生易しい／優しいものなのか？《音楽の冗談》の最後のイカれた不協和音、《幻想曲》ハ短調のよじれた調性、《コシ・ファン・トゥッテ》で描かれる一種のスワッピングなどは、有毒きわまりない発禁音楽ではないか？　それらを十把ひとからげで「快適な癒しの波長」に還元したりしていいのか？

かつてのもったいぶった教養クラシック権威主義に与《くみ》したくはない。だからといって、ここまでモーツァルトを軽くしてしまってはいけない。およそ癒しなどとは対極にある冷めた酷薄な人間観察の視線や、背筋も凍りつく哄笑や、サディスティックな破壊衝動が、少年のような一途な人懐っこさ、そして音楽史の奇跡ともいうべき「美」と違和感なく同居する奇怪さこそ、モーツァルトを他のどんな大作曲家とも決定的に違う「大作曲家」たらしめているゆえんではないのか？　従来の偉人伝的な語り口が的を外し、さりとて近年の軽やかなモーツァルト像からもこぼれ落ちてしまう彼の音楽の特異性は、まさにここにある。

今「特異」という形容をしたが、実際モーツァルトは――個人的な生い立ちの点でも、生きた時代という点でも――きわめて特殊な環境の中で育った作曲家だった。うだつのあがらない楽士（ザルツブルク大司教の第二楽長）だった父レオポルトは、周知のように、自分の娘（姉ナンネル）と息子（ヴォルフガング）を神童として世間に売り出すことに人生のすべてを賭けた、いわゆるステージ・パパのはしりのような存在である。もちろん音楽の世界では、早期教育はそう珍しいことではなかっただろう。例えばナポリやヴェネチアの音楽院はもともと孤児院であって、そこでは身寄りのない子供に小さい頃から徹底的な身体訓練（去勢手術も含む）を施して、カストラートに育て上げるといったことが行なわれていた。だが、自分の子供に自ら早期教育を施す、しかも伝統的な職人家庭のような家業の伝承としてではなく、息子を神童として世間に売り出すという一種ビジネスとしてそれを行なった例は、私の知る限りレオポルト・モーツァルト以前にはない（もちろん一九世紀以後の音楽史は、自分の子供を第二のモーツァルトにしようと血眼になった、無数のレオポルトで溢れかえることになるのだが）。

自分が縛られている階級や身分を超える手段として、音楽がきわめて有効であることにいち早く気づいた抜け目なさ。自分が果たせなかった越境の夢を息子に託し、自らの人生をそれに賭けるというルサンチマン。王制下での身分制度の縛りがまだ強固だった時代にあっては、こうした「芸術（これが一九世紀以後になると教育やスポーツ、はたまたタレント業にまで広がっていくわけだが）を通して、しかも息子を通して成り上がる」という夢など生まれようがなかっただろう。レオポルトの発想はまさに、前近代が近代へと移行していく瞬間に生まれた現象であって、一九世紀以後のステージ・パパ／ママたちをはるかに早く先取りしていた。

しかも彼は、息子が長じて後もなお、その創作に絶え間なく指示を飛ばし続けた。どういうスタイルの音楽を書けば聴衆に受けるか、効果的なオペラにするには台本をどう変更すればよいか、うまい契約を結ぶには誰に取り入ればよいか等々。また旅行先などでは、契約交渉から身の回りの世話まで、放っておいても父がやってくれる。自分は作曲だけに専念していればよい。こんな理想的な創作環境の中で育った作曲家が、それまでにいただろうか？要するにレオポルトは、モーツァルトは天才という概念がまだない時代の天才だったという社会学者エリアスの言葉を借りれば、[2] 音楽マネージメントなどという職業がまだなかった時代の天才的音楽マネージャーであって、息子ヴォルフガングは、マネージャーがついていた音楽史で最初の作曲家だったのである。

だがこのあまりにも恵まれた環境は、モーツァルトがかなり不自然な育ち方をしたということをも、同時に意味したはずである。例えばハイドンのように、たった一人で自分の人生を切り開かねばならず、世に出るまでにかなり時間がかかった人と比べたときの、モーツァルトの音楽がもつある種のエキセントリックさは、彼の生い立ちと無関係ではなかっただろう。ザルツブルクのような田舎町の、冴えない第二楽長の息子にすぎなかった少年が、わずか六歳か七歳でヨーロッパ中の王侯貴族に面会を許され、至るところで祝福を受けたのだ。幼い頃のモーツァルトは、フランス国王ルイ一五世の愛妾だった高名なポンパドゥール夫人にキスを拒まれ、「この人誰なの？　どうしてキスしてくれないの？　マリア・テレジア様だってキスしてくれたのに……」などと言う子供だった。

よく分からないまま、きらびやかな衣装を着せられ、父親に命じられる通りに鍵盤の上で芸を披露してみせれば、行く先々で高貴な人たちが驚嘆の声をあげ、高価な贈り物をしてくれる。幼い頃のモーツァルトにとって最大の褒美は父にほめてもらうことであり、「神様の次はパパです」が少年時代の口癖だった。彼はマリア・テレジアの膝に飛び上がり、抱きついて「貴方様を心から愛しています」と言ったといわれる。父の友人でありトランペット奏者のアンドレアス・シャハトナーによれば、「僕のことを好き?」と彼は一日に一〇回も尋ね、冗談にでも「ノー」と言おうものなら大粒の涙がこぼれた。モーツァルトは六歳にして、世界の中心で愛される夢を本当に見てしまった。そして世界からの愛がいつか消え失せてしまうかもしれないという不安に、既に子供の頃から苛《さいな》まれていたのである。

世紀転換期ウィーンの作曲家ツェムリンスキー(指揮者としての彼はとりわけモーツァルトを得意にしていたといわれる)に、《小人》(オスカー・ワイルド原作)というオペラがある。自分が道化であることを知らされないまま女官たちに冗談半分でちやほやされ、すっかりそれを真に受けて自分は王子だと思い込み、笑いものになっていることも知らずお姫様に求婚するが、最後は鏡に映った自分の本当の姿を見て絶望し、悶絶しながら死んでいくその主人公は、どこかモーツァルトの人生を連想させずにはおかない。

いずれにせよ、自然の摂理にかなった心身の成長過程と、特殊な才能の異様に早熟な開花との間の極端なズレが、モーツァルトの人生に影響をおよぼさなかったはずがない。音楽を奏でさえすれば世界中の人間が自分を愛してくれるはずだと信じてやまない人懐っこさ。それと紙一重の過剰な自信。早くから大人の世界に出入りするようになった子供特有の、冷めた観察眼と権威に対する最終的な従順さ。自分は並の子供とは違うといういびつなプライド。時としてヒステリックですらある性急さ。早熟と未熟との同居。これらはモーツァルトの創作を後々まで規定していくことになる人格特性ではなかったか。

ひょっとするとモーツァルトは二五〇年前の天才少年スター、現代でいえばマイケル・ジャクソンのような存在だったのかもしれないと思うことがある。ジャクソン・ファイブ時代のあどけない笑顔。長じてからの神の恩寵としか思えないダンスの妙技。「大人」になろうと必死で格闘しながらも、結局「神に祝福された子」としての過去の自分というドッペルゲンガーを克服することはかなわず、次第に世間から相手にされなくなり、やがて自己崩壊をきたしていく後半生。しかもモーツァルトの場合、個人の人生の暗転は、時代の崩壊と軌を一にしていた。彼の生活が借金まみれののっぴきならない状況に追い込まれるのは一七八九年頃のことだったといわれるが、これはまさにフランス革命勃発の年なのである。一七五六年に生まれ、一七九一年に没した彼が生きたのは、カントやゲーテやシラーに象徴される新しい市民社会の夜明けが、ラクロやゴヤやサドといった旧体制《アンシャン・レジーム》末期の暗黒や官能とせめぎあっていた時代だった。

アドルノいわく、「モーツァルトにたいする『神的なまでに軽薄』という形容は、歴史哲学的には封建的なものである放埒な自由と主権とが、市民的な自由と主権へと移行していく瞬間をあらわしている」。モーツァルトとは「フランス革命が抑圧へと一変する」寸前の時代にのみ可能だった歴史的に一回限りの現象であって、「音楽の宮廷的で儀礼的な本質、つまり『絶対主義的な』本質が、市民的主観性と均衡を保っている」点に、モーツァルトの奇跡はあるのだ。(3) 一方に、芸術を通して身分も国境も超え出ていく自由への夢、因習への憤激、わけへだてない親しさへの憧れがある。対するに、自由であることへの実存的不安、没落へとひた走る宮廷社会への愛惜、洗練の限りを尽くした儀礼性、そして市民社会ではもはやありえないような奔放な官能愛は、その裏返しだ。モーツァルトの軽やかさには、引き裂かれた時代の割れ目が刻印されていて、その幸福も、官能も、優美も、絶望も、すべてこの割れ目から鳴り響いてくるのである。モーツァルトは、「神の子」である以上に、徹頭徹尾「時代が生んだ子」であった。

モーツァルトの音楽には、彼が生きた社会の引き裂かれた現実が刻みつけられ、そしてまた、来るべき社会についての淡い夢が語られている。「社会を語るモーツァルト」などと書けば、首をかしげる向きもあるだろう。確かに彼は、世界の救済者を自負する一九世紀の「偉大な」作曲家たちのように、もったいぶって形而上学を論じたりはしなかった。だがモーツァルトを、世間についてまるで天使のように無知無関心な音楽バカとして描くことはやはり誤っていると、私は思う。

「社会について考える人」としてのモーツァルトの顔を見えにくくしているのは、一九世紀以来の近代市民社会の道徳である。近代市民が「社会について真面目に論じる」ための話題としてはおよそ想像もしないような角度から、つまりエ、ロ、テ、ィ、シ、ズ、ムという切り口から、モーツァルトは社会を考えるのである。

このあたりの事情を、美術批評家のニーベルシュッツは次のように説明している。「エロチシズムなるものは、神が私たちの死滅を防ぐために与えて下さった大切なものであります。それを肯定的に表現する人もいれば、否定的に表現する人もいます。しかし、まったくそれなしで済ますことができると考える人はごく稀でありましょう。人間をこのうえなく幸せにするこのエロチシズムの要素がなければモーツァルトでさえ何者でもありません。（中略）［彼を］美徳が支配する十九世紀の時代から理解すべきではありません。ギロチンにかけられて一七九二年に絶対王制が死に絶えると同時に美徳の時代がはじまります。（中略）バロックとロココの間断のない浪費に人々が倦み、豊かさに退屈しだした時、また不自然であるがゆえに少しも人間の役にたたず、むしろ人間を不幸にせずにはおかない理想というものを人々が見つけ出し、もはや安寧に耐えられなくなった時、美徳の時代ははじまったのであります。つまり良心の独裁と精神の恐怖の出現とともに美徳の時代ははじまったというわけです[4]」。

何も制度や道徳や理念についての難しい思索だけが、社会についての議論ではなかろう。社会とは何よりまず「人と人の結びつき《エロティシズム》」に関わる事柄のはずであって、モーツァルトはそれを徹頭徹尾「男と女の結びつき」を通して考えようとした。彼にとっての社会とは、政治でも経済でも宗教でも思想でもなく、「男と女が出会うところ」に生起するものであった。男と女のありうべき幸福な関係について、モーツァルトほど真摯に考え抜いた作曲家は他にはいない。

本書は《後宮からの逃走》から《魔笛》に至るモーツァルトの五つの喜劇オペラを、恋愛五部作として読み解こうとする試みである。私の知る限り、モーツァルトのオペラ創作を――ワーグナーの《ニーベルングの指環》と同じ意味において――「連作」として捉える試みは、これまでなかったように思う。しかしながら、虚心坦懐に音楽を聴き、そして台本を読めば読むほど、これらの五つのオペラが続き物であることは、疑いの余地ない自明なことであると思えてくる。

恋愛をめぐる特定のモチーフ（とりわけ嫉妬と和解）が、尋常ではない執拗さでもって発展的変奏を施されながら、一つの長篇小説を紡いでいく。《後宮からの逃走》、《フィガロの結婚》、《ドン・ジョヴァンニ》、《コシ・ファン・トゥッテ》、《魔笛》――この五つのオペラは、単に偶然的《ランダム》にこの順で並んでいるのではない。モーツァルトは自分の創作の前後関係などには頓着せず、そのときたまたま手に入った台本に、霊感のおもむくまま次々素晴らしい音楽を書き飛ばしていったのではない。五つの恋愛オペラのうち真っ先に作曲されなければならなかったのは、《ドン・ジョヴァンニ》でも《コシ・ファン・トゥッテ》でもなく、まさに《後宮からの逃走》だったのであり、それに続くのは他でもない《フィガロの結婚》でなくてはならず、《ドン・ジョヴァンニ》や《コシ》は《フィガロ》の続篇として構想されているのであり、そして《魔笛》はある必然性をもってこの「恋愛チクルス」を締めくくっている。五つのオペラのそれぞれが、そのとき以外には書かれようがなかった絶対的な必然性をもって、モーツァルトの創作の配置の中で自分の位置を主張しているのだ。

そもそもモーツァルトは、当時の作曲家としては例外的なほど、台本について推敲を重ねる人だった。彼の台本の読みの深さは《イドメネオ》や《後宮からの逃走》の作曲をめぐる父との書簡の往復からもうかがえるが、ここでは一七八五年三月二一日付の知人への手紙を引用しておこう。これはあるオペラ台本を彼のところに持ち込んできたアントン・クライン（マンハイム大学の哲学教授だったらしい）という人物に宛てられたもので、モーツァルトは次のような表現でもってそのオペラ化を婉曲に断わっている。

「ぼくには手一杯の仕事があって、ぼく自身のために使える時間は、ほとんど一分たりとも見つかりません。――大いなる見識と経験をお持ちのあなた様は、このような台本は、できるだけ注意深く、熟慮して、――一回きりでなく――なんども読み返さなければならないものだということを、ぼくなどよりよく御存知でしょう。――これまで、まだ一度も、――中断されずに読み通す時間はありませんでした。――さしあたっていま申し上げられるのは、――これをまだ手放したくないということです。――どうぞもうしばらく、この作品をぼくに預けてくださるようお願いいたします。――これを作曲したいという気が起きたときは、それが本当にどこで上演されることに決まったのか、やはりあらかじめ知りたいのです。――このような作品は、詩であれ、音楽であれ、無償で作られるべきものではありません」(5)。

モーツァルトは、ほとんど晩年のヴェルディやリヒャルト・シュトラウスやベルク並に、台本を熟読する作曲家だったのである（確かな上演の当てがないものは作曲したくないというのも、いかにも現実主義的な職人としてのモーツァルトらしいが）。

しかも幸か不幸かモーツァルトは、当時としてはあまり「売れている」オペラ作曲家ではなかった。同時代の典型的な売れっ子、例えばチマローザやパイジェッロは、全盛期にはほとんど一年に三作から四作のペースでオペラを量産しているし、サリエリはやや少ないものの、それでも確実に毎年一つか二つの新作を発表している。対するにモーツァルトは、ウィーンに出てきた一七八一年から亡くなる一七九一年までの一〇年間に、わずか六作のオペラしか残していない（フルサイズのオペラとはいえない《劇場支配人》は除く）。これは約二年に一作というスローペースである。つまり彼には、次作についての構想を練る時間がたっぷりあり、また実際そうしたと考えるべきであろう。

一八世紀とは神／王を中心とする旧体制《アンシャン・レジーム》が崩れ始め、それに代わる新秩序を構想する危急の必要性に人々が直面していた時代である。この人間関係の再編の中には、当然ながら恋愛や結婚や家族といった男女関係のありようも含まれていた。歴史的に見て、人々が個人の自由意志に基づく恋愛結婚の可能性を夢見るようになり始めたのは、この時代からのことである。(6) マリヴォー、ヴォルテール、ディドロ、ルソー、あるいはサド、あるいはレッシングやゲーテといった人々もまた、身分制が緩み始めた時代の新しい男女関係について、様々な思索をめぐらせていた。こんな一八世紀が生み出した、最も純度の高い恋愛についての「哲学書」の一つが、モーツァルトの一連の喜劇オペラなのである。

目次

モーツァルトのオペラ　「愛」の発見

第一章　モーツァルトとオペラ史における愛の発見

Wolfgang Amadeus Mozart, 1767

バロック・オペラにおける「愛のかたち」と宮廷作法

モンテヴェルディからベルクに至るまで、およそ愛を主題にしていないオペラなど存在しないといっていいだろう。理性＝言葉ではなく、狂気＝歌につき動かされている人々のドラマがオペラだとすれば、それが「愛」という究極の不条理を糧にし続けてきたのは偶然ではない。ニーチェをもじれば、オペラとは本質的に「愛の狂気《エロス》から誕生した悲劇」なのである。とはいえ、モーツァルト以前のオペラ（いわゆるバロック・オペラ）で描かれるそれは、われわれが愛と聞いて思い浮かべる諸々の感情とはかなり隔たっている。まずはバロック・オペラにおける「愛のかたち」を眺めることから始めよう。

バロック時代のオペラの主流はオペラ・セリア（直訳すれば真面目《シリアス》なオペラ）と呼ばれるジャンルである。フランスにはリュリからラモーを経てグルックに至る独自のオペラ伝統があって、それは絶えずイタリアを中心とするオペラ・セリアとは一線を画してきたが、ここではそれについて詳述する必要はない。簡単に定義するならオペラ・セリアとは、①ギリシャ神話ないし古代史（古代ローマの皇帝など）に素材をとり、②主役を歌うのは必ずカストラート（変声期前に去勢された男性歌手）と決まっていて、③悲劇の荘重な様式で書かれはするが、④最後は必ず予定調和的にハッピーエンドで終わるオペラである。

近年欧米ではバロック・オペラの復興上演が大変な人気で、ヘンデルやヴィヴァルディのオペラ・セリアの素晴らしい新録音や映像をいろいろ手に入れられるが、そこに近代オペラ

(その嚆矢《こうし》はモーツァルトだというのが私の考えである)でなじんでいる諸感情を求めてしまっては退屈するだけだろう。誰でもすぐ気づく決定的な違いは、聴けども聴けども出てくるのはアリアばかりで、二重唱や三重唱は滅多になく、しかもその大半が高音の超絶技巧のオンパレードであるという点のはずだ。バロック・オペラは近代的な意味での「トータルなドラマ」として構想されてはいない。それは徹頭徹尾カストラートのための一種のショーであって、妖艶な両性具有の魅惑をふりまき、信じられないような美声で居並ぶご婦人方を失神させ、途方もない高額のギャラを要求し、わがまま放題の彼らに、最大限の花を持たせてやるべく作曲されているのである。このあたりの事情は、ジェラール・コルビオ監督の有名な映画『カストラート』を観れば、よく実感できるだろう。

少々図式的になるが、オペラ・セリアのドラマトゥルギーは三つの不在によって特徴づけられる。「対立の不在」、「出会いの不在」、「感情の多義性の不在」である。

第一の「対立の不在」は「性差の不在」と言い換えてもいい。オペラ・セリアで主役を歌うのはカストラート(ヒーロー)とソプラノ(ヒロイン)であって、声域の点で男と女の区別がここにはない。たいていの場合、テノールに振り当てられるのは「横恋慕する王」といったあまりありがたくない役柄であり、バリトンにいたっては召使を歌うのが関の山であって、このあたりが近代オペラとは決定的に違っている。バロック・オペラにおける愛の世界には、「男と女」という二元論は存在していない。ジェンダー論的なオペラ分析に私はあまり興味ないが、宝塚歌劇にも似て、聴いてすぐに「男」とわかる人物（テノールおよびバリトン）は、バロック・オペラの愛の世界ではお呼びでない。男の匂いをさせる男は、プラトニックな宮廷恋愛においてはお邪魔虫なのだ。後に触れるモーツァルト初期のオペラ《ポントの王ミトリダーテ》に至るまで、愛の世界において欲情を爆発させて荒れ狂う男は脇役にすぎず、それは「去勢されていない男（テノール）」と相場は決まっている。ヴェルディやワーグナーに代表される一九世紀オペラ（市民の時代のオペラ）との違いは、このあたりにある。

第二の「出会いの不在」は、先に述べたように、バロック・オペラがほとんどアリアだけで出来ていることと関係している。少々誇張していえば、オペラ・セリアの登場人物はほとんど一人で舞台に登場し、一人でアリアを歌い、一人で退場していく。「主人公が恋人の身を案じるアリアを歌ってから退場↓次に恋敵が舞台に出てきて復讐のアリアを歌ってから退場」――オペラ・セリアではこうしたパターンが延々と続いていくのであって、対話はレチタティーヴォ（歌唱場面のあいまに挿入される、簡単な器楽で伴奏されたつなぎの会話）で交わされるのみである。つまりオペラ・セリアの主人公たちは――王族というものがそもそもそういう存在なのだろうが――まるで石造りの冷え冷えした大広間にずらりと並べられた古代ローマの皇帝たちの胸像のように、孤立して一人でそこに存在しているのである。

この「出会いの不在」ということから、オペラ・セリアの第三の不在が生じてくる。つまりセリアの主人公たちは総じて、自分の感情を一方的に客席に向かってコロラトゥーラで披露し、そのまま退場してしまうのであって、そこには対話《コミュニケーション》という「場」の中で千変万化する情感などというものは、まったく存在しないのである。喜怒哀楽はほとんど幾何学的なまでに記号化されている。少し注意して聴けば、簡単に音楽の調子と感情内容との関係のチャートが作れるだろう。ゆったりしたテンポの長調なら穏やかな愛の感情。同じくゆったりしたテンポでも、短調ならば嘆き（下降する旋律が用いられるならまず間違いない）。対するに、テンポが速くなると快活な喜び。ファンファーレのような輝かしい跳躍音程が用いられる頻度が増すと希望、さらには勇壮へと、感情の強度が強まる。逆に、速いテンポであっても、それが短調ならば、苛立ちや怒りや狂乱の表現になる（シンコペーションのリズムやトレモロが多用される）。バロック・オペラは記号学にとって宝の山のはずだ。同じく記号学の格好のフィールドである歌舞伎や京劇といった伝統演劇がそういうものであるように、感情はおしなべて「型」によって表現されるのであり、やや誇張していえば、感情の混淆などというものはほとんど問題にならないのである。「感情の混淆」とは「どうにもいわく言い難い感情」という程度の意味で理解してほしい。表現されるのは、相撲四十八手よろしく定型化された諸感情だけであって、それ以外の「手」を使うのはルール違反ということだろうか。

これらバロック時代のオペラ・セリアの特質を理解するための好例のひとつが、ヘンデルの《セルセ》（一七三八年）である。古代ペルシャの王クセルクセスを主人公とし、冒頭のアリア「オンブラ・マイ・フ」で名高いオペラだ。国王セルセは婚約者がいるにもかかわらず、弟アルサメーネの許婚ロミルダに夢中になるのだが、そのロミルダの妹アタランタもまた姉の恋人であるアルサメーネに恋をしている。モーツァルト・オペラに出てきたとしても不思議ではないような、込み入った五角関係である。特に第一幕の台本は、必ず政治的な要素を入れるオペラ・セリアには珍しいことだが、専ら恋の駆け引きに焦点を当てている。弟の許婚を、それとは知らず自分の愛妾にしようと言い出す国王。はじめはしらばっくれていたものの、やがて嫉妬をあらわにする弟。国王の求愛をはねつけるロミルダ。しかしコケットなその妹アタランタは、いっそ姉が国王セルセのものになってくれれば、自分は（今は姉の許婚である）弟の方と結婚できるのになどと考えている。ほとんどロココ的とすらいえるような、恋の綾で満載の台本ではある。

とはいえ、近代人が考えるような恋愛心理の陰影は、ここではほとんど見当たらない。そもそも国王も弟もカストラートが歌うので、少なくとも現代人には「男と女」の性差がほとんど実感されないだろう。しかもすべての感情がアリアで表現されるために、恋の駆け引きはまったくドラマの焦点にならない。そして何よりも印象に残るのは、「ヘンデルのラルゴ」で知られる冒頭の「オンブラ・マイ・フ」からずっと、荘重なテンポが幕を通してほとんど変化しないことである。近代オペラの劇的な感情の起伏に慣れていると、それは悠然を通り越して、ほとんど悠長に聴こえるほどだ。登場人物たちは、新しく生じた出来事や相手の気持ちなどにつられて、自らの感情を変化させたりはしない。心の揺れをほとんど見せない。何が起ころうと彼らは、まるで石像のように悠然とふるまうのである。

ためしに国王セルセが第一幕で歌う四つのアリアを比べてみればいい。プラタナスの木に恋をしている冒頭の「オンブラ・マイ・フ」、弟の許婚に魅了されて歌うアリア「愛を伝えよう」、彼女を口説くアリア「黙り込むとは」、そして諦めきれぬ情熱をたぎらせるアリア「胸に燃える炎に気づくと」――それらの間に音楽的／劇的な差異を認めることは、よほど注意深く聴いてもなお、相当に難しいはずである。恋の相手がプラタナスであろうが女性であろうが、その女性に拒まれようが、恋の炎に焼かれようが、国王はその音楽の調子を決して変化させない。かつらをかぶり、長い真紅のマントの裾を重そうにひきずりながら、すり足で宮殿の廊下を歩くような慇懃なリズムを、決して崩さない。これらのアリアを聴いていると私は、相手が誰であっても、どんな状況であっても、常に同じ動作を反復し続ける鳥の求愛などを、思わず連想してしまう。もちろん感情のニュアンス変化が皆無であるわけではない。第一幕終わりの弟の嘆きや、姉の恋人を横取りしようとする妹のコケットさは、かなりはっきりと聴き手に印象づけられるだろう。だが肝要なのは、感情変化が決してドラマティックな起伏へと発展することはないという点である。

感情表現のこうした定型性や起伏の欠乏は、それを育んだバロック宮廷の作法からのみ理解できるはずである。このあたりの事情を社会学者のエリアスは次のように説明している。「情感の爆発は、最終的には、そして何にもまして、敗北のしるしなのである。それこそは宮廷人が何にもまして最も恐れていた事態なのである。宮廷生活における首位争いは、このようにして、他人との交際において厳密に計算された、極めて微妙な差異を持つ態度をとらねばならないために、情感の抑制を強制するのである。（中略）この社会に属する者の間では、自然発生的感情表出のための余地は比較的わずかしか残されていなかった」[1]。すべてのコミュニケーションが厳格に記号化された社会（封建社会の宮廷文化とはおしなべてそういうものであろう）にあっては、自然発露的な感情表現は「殿中で刀を抜く」にも等しい無作法だったのだろう。バロック・オペラにおいて作曲家／歌手に求められたのは、いかに型を外してオリジナリティを表現するかではなく、決められている型をいかに厳格かつ見事に演じてのけるかであり、「個」を表現するにしても、それは厳格な型の縛りの中でなされるべきことであったはずである。

スペインの修道士だったグラシアン（一六〇一～五八年）が書いた『賢人の知恵』は、カスティリオーネの『宮廷人』と並んで、絶対王政の時代に最も広く読まれた宮廷マナー本であるが、そこでは感情をあらわにすることが再三戒められている[2]。例えば第六三節「平静さを保つ」には次のようにある。「自重する心を持とう。どんなときでも激情に流されてはいけない。感情が強く揺さぶられるようなときでもバランスを保てることが、本当に偉大で気高い人の証しだ。「激しすぎる感情は頭も心も煩わせ、弱らせてしまう」。ちょっとした仕草で本音を敵に悟られたり、あるいは笑い者になったり、揚げ足をとられたりすることは、宮廷人にとっては命取り――罷免、社交界からの追放、さらには牢獄行きや拷問や縛り首――だったはずであって、宮廷人がその中で生きていた極度の息苦しさを想起しない限り、バロック・オペラにおける感情の極端な抑制と定型化を理解するのは難しかろう。

第一五二節「王のように行動する」の「みんなが王にはなれなくても、一人ひとりが王にふさわしい行動を目指すことは可能だ」という一節も印象的である。バロック・オペラの登場人物たちは、皆そろいもそろって国王のように悠然とふるまうが、それはグラシアンのこの記述とぴったり一致する。あるいは第二三七節「堂々と退場する」の中の次の箇所。「堂々と退場することは、登場よりも重要だ。威風堂々と入ってくる人は、去るときはきっと惨めなはず。役者は誰でも登場したときに拍手で迎えられるが、満場の拍手喝采の中で退場できるのは優れた演技を見せた者だけである。最終幕後に残る印象こそが目指すべきもの。もしアンコールの声が湧いたら、それこそ実に素晴らしい、願ってもない結末だ」。これはもうバロック・オペラのドラマトゥルギーそのものではないか。宮廷とオペラ・セリアは合わせ鏡であって、オペラの中には宮廷生活がそのまま映し出され、宮廷生活はまるでオペラ・セリアの世界のように営まれていたに違いない。

もちろんヘンデルの悠長さは、やや極端かもしれない。彼の同時代人ではあるが、ヴィヴァルディのオペラ・セリアにはもう少し変化があるし、一八世紀も後半のハッセやヨメッリやクリスチャン・バッハになると、音楽にもっと自然な動きが出てくる。これら前古典派時代のオペラ・セリアの人気作曲家たちは、いずれも若き日のモーツァルトに影響を与えた人々だ。彼らが活躍した時代においては、セリアの台本もまた、ウィーンの宮廷詩人（オペラ台本作者）メタスタージオの改革により、格調高い文体や筋の統一などに工夫を凝らされるようになった。しかしながらオペラ・セリアの主役は相変わらずカストラートだったし、アリアが延々羅列される構造も同じ、そして音楽の定型性も基本的に変わらなかった。右に名前を挙げたハッセ、ヨメッリ、クリスチャン・バッハといった人たちのセリアは、それなりに非常に高いレベルの職人的仕上がりを誇っているが、基本的にヘンデル的世界を大きく踏み越えるものではない。少し先走っていうなら、「滲んだ感情」とでもいうべきものは、そこにはほとんど存在しないのである。

《ポントの王ミトリダーテ》の滲む感情

モーツァルトが創作活動に本格的に乗り出した一七七〇年前後は、オペラ・セリアが斜陽に近づきつつあった時代である。法外な出演料をとるカストラートを主役にしたセリアを、財力がない宮廷はあまり上演しなくなっていた。また市民の発言力が少しずつ強くなり、劇場通いをする人々も増え始めていたこの時代、仰々しいセリアは人々の趣味に合わなくなり始めていたということもあっただろう。一八世紀の後半において、オペラ・セリアに代わって急速に人気を博するようになったのが、オペラ・ブッファである。ブッファとは要するに喜劇オペラであって、最初は幕間劇として演じられる程度だった。能に対する狂言のようなものである。しかし一八世紀も後半になると、人々はセリアそっちのけでブッファに熱中するようになる。

一七五二年にはペルゴレージの喜劇オペラ《奥様女中》がパリで上演され、いわゆるブッフォン（喜劇オペラ）論争を巻き起こす。ウィーンでもブッファが大流行で、モーツァルトのパトロンでもあったオーストリア皇帝のヨーゼフ二世は、大の喜劇オペラ好きであった。「［ウィーンではオペラが大流行しているけれども］しかしオペラ・セリアじゃありません。というのは、オペラ・セリアは今はもうひとつもないからです。それに、それは好かれてもおらず、好まれているのはオペラ・ブッファです。しかし小さなオペラ・ブッファではなく、二時間半も、三時間もの長さのものです。セリアのオペラには、当地では歌手がいなくて、グルックの悲歌劇『アルチェステ』でさえ、もっぱらオペラ・ブッファの歌い手たちだけによって上演されました」。一七六八年二月三日、レオポルト・モーツァルトは知人への手紙で、このように書いている(3)。

しかしながら一八世紀後半になってもなお、こと「作曲家としてのステータス」という点については、圧倒的にセリアでの成功がものをいったことに変わりはない。モーツァルトの次の手紙は、この事情をリアルに物語ってくれるだろう。息子の女性関係に口やかましい父は同行せず、母と二人だけのパリ旅行の途上で立ち寄ったマンハイムで、アロイージア・ウェーバーという歌手の卵に恋をした二二歳のモーツァルトは、彼女と結婚して一緒にイタリアに行き、そこでアロイージアを主役にしたオペラ・セリアを書いて大成功を収め、ウェーバー一家を支えるという夢のような希望を父親に語る（一七七八年二月四日または五日投函？）。「ぼくはこの苦境にある家族が大好きなので、なんとか彼らをしあわせにしたいと、そればかり願っています。そして、きっとしあわせにできます。ぼくの忠告は、彼らがイタリアへ行くことです」。「ヴェローナに行ったら、ぼくはオペラを五十ツェッキーニでよろこんで書きます。それで彼女の名声が高まればいいのです」。「オペラを書きたいというぼくの願いを忘れないでください。オペラを書くひとなら、誰でも、うらやましくなります。アリアを聴いたり観たりすると、くやしくてほんとうに泣きたくなります。でも、それらはイタリア語で、ドイツ語ではありません。セリアであって、ブッファではありません(4)」。

息子の現実離れしたこの夢想を、父レオポルトは厳しく諫《いさ》める。彼は一七七八年二月二三日付の手紙で、ヴォルフガングからの便りを「おまえが五日付でやっと送ってきた、夢物語みたいで、私を殺してしまいかねない手紙」と呼び、次のように問う。「さて、もう一つだけ質問があります。『ぼくが立身出世できる希望が持てるのはどこでしょうか？』――イタリアでだって？――そこではナポリだけでおそらく三〇〇人もの作曲家たちがいて、しかもイタリアじゅうには、金払いのいい劇場用の契約書を二年も前から手にしている作曲家たちがしょっちゅういるのです」(5)。イタリアでセリアの契約をもぎとるには、熾烈な競争を勝ち抜かなければならなかったのである。

右の手紙のやり取りよりも約八年前、レオポルトは初めて息子と二人だけでイタリアへの旅に出た。一七六九年一二月、モーツァルトがもうすぐ一四歳になろうとする頃のことである。「可愛らしい天才少年」を売り物には出来ない年齢にさしかかったヴォルフガングに、そろそろ本格的なオペラ作曲家としての経歴《キャリア》を積ませるためである。レオポルトはあちこちのつてを頼り、ようやくミラノでのセリア作曲の契約を一つもぎとってきた。それがオペラ《ポントの王ミトリダーテ》である。

少年時代に既にモーツァルトはオペラをいくつか作曲していたが、それらは幕間劇（《アポロとヒアチントゥス》KV.38）やオペラ・ブッファ（《ラ・フィンタ・センプリチェ》KV.51）やジングシュピール（《バスティエンとバスティエンヌ》KV.50）であって、フルサイズのセリアはまだなかった。一七七〇年一二月に初演された《ミトリダーテ》こそ、彼のオペラ・セリア第一号であって、それはつまり、モーツァルトの最初の本格的なオペラだということである。

モーツァルトは全部で四つのオペラ・セリアを書くことになるが（《ミトリダーテ》、《ルーチョ・シッラ》、《イドメネオ》、《皇帝ティートの慈悲》）、この記念すべき第一作も非常に完成度の高い作品である。何より驚くべきは、従来のどんなオペラ・セリアにも見当たらないような感情表現を、わずか一四歳のモーツァルトが見事にものにしている点である。前節で引用したグラシアンは、「感情が強く揺さぶられるようなときでもバランスを保てることが、本当に偉大で気高い人の証しだ」と述べていた。対するにモーツァルトはここで、まさに「揺さぶられる感情」を、音楽／劇の焦点としているのである。

《ポントの王ミトリダーテ》の舞台は古代都市ニンフェーアで、筋立ては先に紹介したヘンデルの《セルセ》と同じく五角関係のもつれである。国王ミトリダーテの許婚アスパージアと王の息子シーファレの間に愛情が芽生えていて、さらに王のもう一人の息子ファルナーチェもまた、婚約者がいるにもかかわらず、アスパージアに横恋慕しているのである。

音楽的／劇的にも最も充実しているのは第二幕だろう。息子シーファレと許婚のただならぬ関係に気づいたミトリダーテのすさまじい怒り（第一七曲「わしは慈悲を捨てる」）。ヘンデルやグラシアン流の「自重する心を持とう。どんなときでも激情に流されてはいけない」という宮廷作法の枠を、このアリアは完全に突き破っていて、ほとんどウェルテル的な疾風怒濤の激情を予告しているとすらいえる。幕切れのアスパージアとシーファレの二重唱も素晴らしい。ともに死ぬことを誓う二人の会話が、最初はおずおずとレチタティーヴォ・セッコ（チェンバロのみの簡潔な伴奏による早口の語りの部分）で始まり、情感の温度が上がるにつれてオーケストラで彩られるレチタティーヴォ・アコンパニャート（オーケストラ伴奏によって劇的な語りのように歌われる部分）へと移行し、十二分に感情が熟しきったところで二重唱へと流れ込む。こうした「情感の色合いの連続的な移行」は、アリアが交替するだけのバロック・オペラの「不連続のドラマトゥルギー」が知らなかったものだ。

しかし何といってもこの第二幕の最大のハイライトは、アスパージアとシーファレが互いに恋心を抱いていることを打ち明けあう、第一三曲「愛するお方、あなたを離れ」から第一四曲「激しい苦悩に」にかけてであろう。まずアスパージアがレチタティーヴォ・セッコで、シーファレを憎からず思っていることをそれとなく伝える。チェンバロだけの簡潔な伴奏は、溢れる感情を何とか抑えて平静を保とうとしている彼女の口調に、いかにもふさわしい。だが義理の母となる人が実は自分を愛していることを知った王子シーファレは、激情をたぎらせて「死ぬしかない」と口走る。アスパージアは性急な彼のふるまいを叱責し、自分のことを忘れるように言う。会話が激してくるこの部分は、オーケストラが加わったレチタティーヴォ・アコンパニャートである。そして我に返ったシーファレがアスパージアを潔く諦める決意をすると、潮が引くように静けさが戻り、やがて彼のアリアが始まる。ホルンの独奏で美しく彩られた抒情的なアリアである（モーツァルトは深い諦念を表現するときは、しばしばホルンの印象的なパッセージを添える）。

そして歌い終わったシーファレが悄然《しょうぜん》と去っていき、舞台にぽつんと一人残されたアスパージアが歌うのが、次の第一四曲「激しい苦悩に」なのだが、これは彼女の内心の葛藤を表現する凄まじく劇的なアリアである。諦念を表現する穏やかな楽想とコロラトゥーラを駆使した喘ぐような楽想とが、ここではめまぐるしく交替する。シーファレが思慕の情を露にすると、冷静を装いながら相手を諭したアスパージアではあるが、彼がそれを受け入れて去っていくと、今度は激しい未練と後悔にかられ胸をかきむしらずにはいられない……。ここで表現されるのは、そんな矛盾した女心である。二人の会話がためらいがちにレチタティーヴォ・セッコで始まってから、このドラマティックな締めくくりまで、ほとんど三〇分近く。二つのアリアしか含まれないこの場面に、これだけの時間をかけて、ある感情の芽生えが巨大な激情の渦になっていくプロセスを描いているのだ。わずか一四歳のモーツァルトの、心情の陰影に対する尋常ではない感性と、巨視的なドラマの把握には、舌を巻くほかない。

この場面に端的にあらわれているように、モーツァルト・オペラの主人公たちは一人で存在してはいない。彼らは常に相手の気持ちに「つられる」。相手の心に自らも染まってしまう。痛々しいまでに相手のふるまいや言葉によって微妙に心の色合いを変化させ、この気持ちの変化が再び相手の心にさざ波を立てる。こういう具合にしてドラマが進んでいくのだ。登場人物の心情は、他者との関係の中で万華鏡のように揺らめくといってもいい。先に名前を挙げたハッセやヨメッリやクリスチャン・バッハといった同時代のオペラ・セリアの作曲家たちから、モーツァルトが色々な影響を受けていることは確かである。しかしながら、このこの「感情の相互浸透」ということについては、若きモーツァルトによる《ミトリダーテ》に先立つ例を、私は知らない。

共鳴する心と一八世紀

よく言われることだが、一八世紀のルイ一五世の親政下（一七四三～七四年）になると、ルイ一四世に代表される一七世紀の盛期バロック時代とは対照的な趣味が生まれてくる。巨大なものよりミニチュア、荘重でいかめしいものより自然で優美なもの、そして親密な幸福感、軽いメランコリー、移ろいやすく多義的なものへの無限の愛惜などが、この時代の特徴だ。冷たい大理石でもって整然と仕切られたバロックの巨大な空間（ヴェルサイユに代表されるバロックの宮殿建築やフランス式庭園）に代わって、金銀細工の装飾を施された典雅な居間であるとか、空間を満たす大気のいわく言い難い明滅を描くロココ絵画であるとか、あるいは様々な草木が繁茂するにまかせたイギリス式庭園などが流行し始める。一般的にはバロックの作曲家とされるが、スカルラッティやラモーやクープランの淡い憂いと甘美もまた、こうした文化潮流の中に位置づけられるべきものである。

こんな一八世紀における「心」という空間の風景を端的にあらわしているのが、この時代にしばしば用いられた「弦（楽器）の振動」という比喩である。『百科全書』の「奢侈《しゃし》」の項目を書いたサン＝ランベールという人物の詩集には、次のようにある。「人間が自分の失くしたものを後悔しはじめる瞬間には、快楽がともなわぬわけではない。ひとはすぐに甘美な憂鬱と呼ばれる状態にはいるのである。われわれの神経は何らクラヴサンの弦のようではない。クラヴサンは弾くのを止めると音が出なくなる。神経はむしろピアノ・フォルテの弦のようなもので、それは弾き終ってもまだ響いている。われわれの神経は、何らかの感情がもたらした状況と作用とをしばらくのあいだたもち続けるのだ。われわれは後悔のなかで、失くしたものとそれが味わわせてくれた快楽の像を作り出す(6)」。さらにわれわれは同じく『百科全書』の編纂者ディドロもまた、『ダランベールの夢』(一七六九年)において、心を楽器に喩える。登場人物の一人によれば「想像力とはさまざまな形や色の記憶なんです。一つの場面や物象を眺めれば、何らかの仕方で必ず感性ある楽器のネジを捲くことになるのです。そこで、こうした楽器はひとりでネジを捲き直すか、それとも何か外部の原因によってネジを捲き直されるのです。こうして楽器は内部で震えたり、外部に向かって鳴り響いたりするのです。それは受けたいろんな印象を黙って復習したり、あるいはそうした印象を約束音でとどろかせるのです」。そして主人公のダランベールは、この言葉を受けて、少々皮肉っぽく付け加える。「しかし、そうした楽器がする物語は誇張をし、いろんな状況を省略し、別のいろんな状況を追加し、事実を曲げたり潤色したりしますね。例えば、鳴り響く楽器に隣接している感性あるさまざまの楽器は、そうした楽器の印象とたしかに同じ印象を受容しますが、実際に起こった事物の印象を受容するんじゃあないのです(7)」。外の世界は常に「感性ある楽器」としての人の心を共振させる(「一つの場面や物象を眺めれば、何らかの仕方で必ず感性ある楽器のネジを捲くことになるのです」)。そして心という楽器の振動は、外の世界を色づけ(「楽器がする物語は(中略)別のいろんな状況を追加し、事実を曲げたり潤色したりしますね」)、傍らにあるもう一つの心にその振動を伝え(「鳴り響く楽器に隣接している感性あるさまざまの楽器は、そうした楽器の印象とたしかに同じ印象を受容します」)、そのもう一つの心がさらにまったく別の倍音を響かせる。自己の外にある明確に縁取られた対象としての世界は消え去り、確かな実体感を失って、次第に世界は心と心の共鳴に還元されてゆく(「実際に起こった事物の印象を受容するんじゃあないのです」)。ディドロやサン＝ランベールが描くのは、こんな心象風景である。

こうした「震えながら一つになる心」のイメージは、同じく『ダランベールの夢』の次の一節からもうかがえる。「水銀の一滴がほかの水銀の一滴のなかに溶け込むように、感性あり生命ある一つの分子が、もう一つの感性あり生命ある分子のなかに溶け込むのだ……はじめは二滴あったのに、接触のあとでは、もう一滴しかない……同化の前には、二つの分子があったのに、同化の後では、一つの分子しかなくなる……感性は、同じ一つの塊に共通なものになるんだ……」(8)。人の心をこのような一種の化学的反応に喩えるやり方は、第五章で触れるゲーテの『親和力』にも見出すことができるだろう。

周知のようにヨーロッパでは、プラトン主義およびキリスト教の影響下、心と身体を厳格に分離する心身二元論の束縛が非常に強かった。「人間は考える(理性がある)から人間として存在する（デカルトのいうコギト）」とか、「穢れている身体から切り離される死後の世界で初めて魂は救われる」といった発想である。心と身体は明確に境界線を引くことのできる別々の存在なのであって、例えば「感じる」などという、どこまでが精神でどこからが身体なのかよくわからないような曖昧な感覚は、そこではほとんど問題にならなかったと言っていい。つまりサン＝ランベールやディドロが用いる「クラヴサンの弦」だとか「感性ある楽器」だとか「一つになる二滴の水銀」といった比喩において何より目を惹くのは、生命が息づいて震え、外の世界と溶け合うという、なまめかしくも感覚的な存在として、「心」が意識されている点なのである。一八世紀とは、デカルトの「われ思う、故にわれあり」が、「われ感じる、故にわれあり」へと変容していく時代であった。(9)

はからずもここに挙げた例はすべて、フランスの『百科全書』派の人々ばかりになってしまった。モーツァルトとこれらの人々の間に、果たして何らかの精神的な接点があったのかどうか、いぶかしく思う方もおられるだろう。しかしながらここで思い出すべきは、同じく『百科全書』の寄稿者であったメルヒオール・グリムが、パリにおけるモーツァルトの養父のような存在だったことである。次章で詳しく述べる母と二人だけのパリ旅行において、故郷ザルツブルクに残った父レオポルトは、「パリでは誰よりもまずグリムさんを頼るように」という趣旨の手紙を再三息子に送っている。間違いなしにモーツァルトは、『百科全書』周辺の人々の新しい感性の潮流に親しみ、それを自らのものとする機会があったはずである。

　樋口謹一編『空間の世紀』は、一七世紀との対比で一八世紀文化を理解するための非常に優れた論集であるが、そこではこの二つの時代の違いが明快に定義されている。[10] つまり一七世紀が力学の時代であり、それが問題にするのは幾何学的な等質的空間でしかなかったとすれば、一八世紀は博物学や生物学や化学の時代であって、そこでは「動物・植物・鉱物その他、多様な形態と質料をもったものが繁茂する異質的空間」が主題とされるようになる。つまり「固い〈自己〉（コギト）が神によって外在的に関係づけられてできるのが一七世紀の心的空間であるとすれば、親密な内在的関係の網の目のそこここで関係の束としての柔らかな〈自己〉が明滅するというのが一八世紀の心的空間のモデル」であり、「それはクモの巣のような敏感な振動場であって、〈自己〉は外からの刺激を受けて震え、その振動が余韻となって残ったり（甘美な憂鬱）、他の〈自己〉を共振させたり（共感）する」というのである。

　「クモの巣のような敏感な振動場としての心」という表現を聞いて、思わず《フィガロの結婚》の有名なケルビーノのアリア「自分で自分がわからない」を連想するのは、私だけだろうか。そのセリフの一部を、敢えて直訳調で引用しよう。「すべての女性が私の「心の」色合いを変える。私をわななかせる。愛という言葉を耳にしただけで、私は狼狽し、私の胸はかき乱される」（傍点筆者）。ゆっくり歌ってみれば分かるが、このアリアには通常の意味での「メロディー」は存在しない。舞台の上で観客の視線を意識しながら、拍手喝采を期待しつつ、内面感情をできるだけ効果的に観客にアピールするための、賑々しい演技としてのメロディーは、ここにはない。あるのはただ、一瞬で通り過ぎてしまう（このアリアは「アリア」というにはあまりにも短い）かすかなため息、そして歓喜と戸惑いと絶望との間で絶え間なく色調を変え続ける震えだけだ。秘めやかな弦楽器の織物と恋にときめく美少年の魂のおののきとが、それこそ風にゆらめくクモの巣のように共鳴しあうのである。

感じあい共鳴しあう心、その倍音がぴったり一致する瞬間の至福、やがて減衰していく弦の振動が生み出すメランコリー。これらこそ、モーツァルトのオペラ創作の一貫した主題に他ならなかった。

第二章　愛の勝利

《後宮からの逃走》と青春の輝かしき錯覚

《後宮からの逃走》　ベルリン公演　1789年

すべては《後宮》から始まる

一体いつからモーツァルトのオペラ創作が完全な成熟期に入ると見なすかについては、いくつかの考え方があるだろう。モーツァルトの「四大オペラ」とは、《フィガロの結婚》（一七八六年）、《ドン・ジョヴァンニ》（一七八七年）、《コシ・ファン・トゥッテ》（一七九〇年）、《魔笛》（一七九一年）を指す。いみじくもこれらはフランス革命（一七八九年）の前後にまたがっているわけだが、最初の三つはダ・ポンテ台本によるオペラ・ブッファであり、シカネーダー台本による《魔笛》はドイツ語で歌われるジングシュピールだ。簡単に定義しておけば、オペラ・ブッファはイタリア語で歌われ、レチタティーヴォをもち、大規模なアンサンブルやセリア的なコロラトゥーラが入る喜劇オペラであり、ジングシュピールはドイツ語で歌われ、レチタティーヴォの代わりに対話はドイツ語のセリフで行なわれ、リート的な素朴さを特徴とする。

しかしながら、《フィガロ》に先立つ一七八一年（ミュンヘン初演）の《イドメネオ》に既に、完全に自立したオペラ作曲家としてのモーツァルトを見る人も多いだろう。散々だった一七七八年のパリ旅行から戻り、オペラもなければ芝居もろくにない田舎町ザルツブルクで、様々な不満をため込みながら、モーツァルトは二年ばかりくすぶっていた。そこに舞い込んだ久しぶりの「でかい仕事」が、《イドメネオ》の作曲だった。これが当たればミュンヘン宮廷と契約が結べるかもしれない――自分のキャリアを賭けてモーツァルトが渾身の力を込めて書き上げたオペラ・セリアが、《イドメネオ》である。
とはいえ、この《イドメネオ》は決してモーツァルトの後のオペラ・ブッファ創作へ直接続いていく作品ではない。何よりそれはオペラ・セリアであって、後の四大オペラにおける融通無碍な男と女の戯れとは、世界があまりにも違う。《イドメネオ》で主題となるのはどちらかといえば政治の問題（神の世界と人間の運命、支配者の交代など）であって、恋愛はドラマの焦点ではない。

モーツァルト・オペラの最高傑作を――近年急速に再評価されつつある最晩年のセリア《皇帝ティートの慈悲》などではなく――あくまで四大喜劇であると考える限り、この一連の恋愛オペラの系譜の記念すべき第一作と見なされるのは、《イドメネオ》の翌年（一七八二年）に初演された《後宮からの逃走》でなければなるまい。理由は三つある。第一に、《後宮》はモーツァルトがウィーンに出てきて最初に作曲したオペラであるという点。第二に、それが彼の婚約時代に作曲され、結婚とほぼ同時に初演された、つまり生活面で彼が自立してからの最初のオペラだという点。そして第三に、後の四大オペラのモチーフのほぼすべてがここに出揃っていて、《フィガロ》以下の作品は《後宮》の続篇であるといっても過言ではないという点である。

モーツァルトの四大オペラは全て、「愛の試練」を主題にしている。《フィガロ》では際どいところで貞操が誘惑に打ち勝つが、《ドン・ジョヴァンニ》では男女の共同体は、官能の暴力によってずたずたに引き裂かれる。続く《コシ・ファン・トゥッテ》は崩れ落ちたこの人間関係の再構築であり、最後の《魔笛》では、あらゆる試練に打ち勝つ「清く正しい」市民的な愛が、プレ・ベートーヴェン的に肯定される。そして《後宮》には既に、貞操、一途な情熱、嫉妬、和解など、四大オペラの主要モチーフのほぼすべてが現れているのである。《後宮からの逃走》こそは、「恋愛オペラ」の作曲家としてのモーツァルトの出発点であった。

パリ旅行の失意

まずは《後宮》までの道のりを素描しておこう。それはかつての天才少年が大人へと成長していくプロセス、彼がウィーンに出て独り立ちするまでのプロセスでもあるはずである。この道程の出発点はまず、パリ旅行に求められねばならない。

モーツァルトが新しい食い扶持をパリに求めてザルツブルクを発ったのは、一七七七年九月二三日のことである。これまでどこにでもついてきて私生活を監視し、息子を売り込み、仕事のアレンジを全部してくれていた父はおらず、どちらかといえば気弱で控えめな母と二人だけの旅行である。一体どうしてこんなことになったのかといえば、モーツァルト親子の再三の休暇願いを腹に据えかねたザルツブルク大司教が、「それならいっそ辞職届を書いてからにせよ」と迫ったため、レオポルトはやむなくザルツブルクにとどまることになったたからである。

父親がいない初めての旅行を、少なくとも初めのうち、二一歳のモーツァルトは随分楽しんだようである。父親の故郷アウグスブルクでは従姉妹の通称「ベーズレちゃん（本名マリア・アンナ・テークラ・モーツァルト）」と思い切り羽をのばしていちゃつき（卑猥な表現で溢れた彼女への恋文は「ベーズレ書簡」として名高い）、次にマンハイムではアロイージア・ウェーバーに恋をする。後に妻となるコンスタンツェの姉である。モーツァルトはパリには行かず、代わりにアロイージアと結婚してイタリアに行き、彼女を主役とするオペラ・セリアを書いて成功するという夢のような話を父親に書いて、厳しく叱責されたことは、第一章で述べた。ちなみにアロイージアと結婚するという話は、彼女の同意も何もなく、勝手

ベーズレの肖像　1779年5月10日の手紙にモーツァルトが描いた。脇にはEngel（天使）の手書き文字。ベーズレ書簡は「僕の尻に口をつけろ」など卑猥な表現が溢れる。

アロイージア・ウェーバーの肖像（ランピによる）　ベーズレとは打って変わって、モーツァルトはお姫様タイプのアロイージアに対してはひどく恭しく接したようである。

にモーツァルトが夢想したものであったと思われる。

肝心のパリにいつまでたっても行かず、マンハイムで油を売っている息子に対して、母親は無力だった。「アロイージアを助けてイタリアに行って成功し、彼女の一家を困窮から救う」などと夢のようなことを書いている息子の手紙に、彼女は夫宛ての頼りない追伸を同封するのが関の山だった。「いとしいあなた。この手紙からお分かりになるでしょうが、ヴォルフガングは新しく知り合いになると、すぐにも一切合財を、こうした人たちにあげてしまおうとするのです。その娘《こ》がとても素晴らしく歌うのは本当ですが、自分自身の利害関係をけっしてないがしろにしてはいけません」[1]。心優しく家庭的な女性だったと思われるモーツァルトの母に、息子の監視役兼マネージャーなどそもそもつとまるはずがなかったのだろう。

　このいかにも頼りない母子道中に対して、ザルツブルクに残ったレオポルトは、切歯《せっし》扼腕《やくわん》していたに違いない。右の手紙に対する一七七八年二月一二日付の長大な返信は、有無をいわせない調子で書かれている[2]。「おまえの旅行の計画には二つの理由がありました。立派な定職を探すこと、もしそれがうまくゆかなければ、大きな収入のある大都会に行くこと。いずれもがおまえの両親を助け、おまえの愛するお姉さんを助けてあげる目的だが、とりわけおまえが世間で有名になり、尊敬されるためでした」。父親思いの息子の心理を見透かしたかのように、レオポルトは「お父さんのことも考えておくれ……」と泣きを入れることも忘れない。「おまえが発つとき、やつれ切って馬車の傍にいるのを見たこの私の姿を思い出しておくれ。私は病気だったが、夜なかの二時まで荷造りをし、しかももう六時にはまた馬車のところにいて、おまえのために万事世話をしたあとだったのだ。――おまえがそれほどまで人の心が分からないのなら、私を悲しませてくれるがいい」。二二歳になってもまだ、モーツァルトは父親に何か言われると逆らえない子供であった。こうして彼は、アロイージアを諦めてマンハイムを去り、同年の三月二三日には母親とともにパリに到着する。

しかしこのパリ旅行は、「天才少年、二〇歳過ぎればただの人」を地で行くような、悲惨なものであった。父親は手紙で彼を叱咤激励し、次々に指示を飛ばす。「おまえの名声のすべてが第一作にかかっているのを考えなさい。作曲する前に、聴いて、フランス国民の趣味をじっくりと考えてみるのです」とか、「私はおまえのことをよく知っています。おまえは何でも模倣できます。急いで作曲しないこと」とか、「これは名誉とお金を得るためにするのです。お金があれば、私たちはまたイタリアに行くことが望めます。版刻出版用になにか書くのだったら、愛好家用にやさしく、ポピュラーなものを書くのです。急いで書かないこと！　おまえの気に入らないものは削るのです。無報酬ではなにもしないこと。なんにでもお金を払ってもらうのです」といった調子である（四月二九日の手紙(3)）。

だが結局パリではたいした仕事の契約は来ず、おまけに当地で母は七月三日に客死する。父親の悲しみは大変なもので、「お母さんはおまえが殺したようなものだ」といわんばかりの手紙を送りつけている。あれだけパリで成功しろとうるさかった父が、手のひらを返したようにザルツブルクへすぐに戻って来いと言い出すのは、母の死がきっかけである。

レオポルトがパリにおける息子の親代わりとして頼りにしていたのが、第一章でも触れた百科全書派の批評家メルヒオール・グリムであるが、一七七八年八月一三日の手紙でレオポルトは、グリムから自分に宛てられた手紙を引用しながら、次のように書いている。「あの方「グリムのこと」の考えでは、おまえが必要な収入が得られるものか、たいへん疑っておられるからです。あの方はこう言っておられるのだ。『御子息はあまりにも人を信じやすく、積極性に欠け、騙されやすく、立身出世に通じる方策にはあまりに無関心です。当地では、頭角を現わすには、狡賢《ずるがしこ》く、厚かましく、ずぶとくないといけません。御子息が立身出世をなさりたいなら、才能は半分でもよいが、倍の世渡り術を望みたいものです[4]』」。レオポルトにしてみれば、「あの一人では何もできない頼りない息子を、いつまでもパリに置いておいたりしたら、何をしでかすかわからん！」と、心配でならなかったのであろう。

結局モーツァルトは、父に言われるまま九月二六日にパリを去り、帰路に立ち寄ったミュンヘンでは、再会したアロイージア・ウェーバーに冷淡にあしらわれて結婚の夢も消え、恐らくは悄然として一七七九年一月一五日にザルツブルクに戻ってきた。そこで彼は「宮廷オルガニスト」という、いまひとつ冴えないが、それなりに安定した職を得ることになる。

自由への脱出

モーツァルトの人生が再び急展開を見せるのは、一七八一年一月のミュンヘンにおける《イドメネオ》初演の後である。既に述べたように、モーツァルトにとってこのオペラ・セリアは久々の「でかい契約」であったわけだが、残念ながら彼はミュンヘン宮廷に雇ってもらうことはできなかった。しかしながらモーツァルトは、《イドメネオ》の上演が終わってもどういうわけかザルツブルクには戻らず、そのままミュンヘンに残る。ザルツブルク大司教から許可をもらった休暇は六週間であったにもかかわらず、四ヵ月をそこで過ごしたわけである。この間に大司教ヒエローニュムス・コロレードは、重病の父親を見舞うためにウィーンに居を移していたのだが、三月になってモーツァルトもウィーンに来るよう命令が下る。こうして彼は、一七八一年三月一二日にミュンヘンを発ち、ザルツブルクに立ち寄ることなく、三月一六日にウィーンに到着した。結局彼はそのままウィーンに住みつくことになり、もはやザルツブルクに戻ることはなかった（一七八三年七月に新妻を連れて一度里帰りしただけである）。様々な偶然が重なった結果ではあったかもしれない。しかしモーツァルトは、まるで運命の糸に導かれるかのように、ザルツブルクからの脱出に成功したのである。

さらにウィーンに出てから程なく、父からの離反および大司教との訣別という、二重の「脱出劇」がやってくる。まず五月に彼は、同地の大司教の宿舎（ドイチェス・ハウス）を去り、ウェーバー家に下宿を始める。マンハイムで知り合い、その長女アロイージアにかつて恋をした、あのウェーバー一家である。まったくの偶然だが、このときウェーバーの家族は、まるでモーツァルトを先回りして出迎えるかのように、マンハイムからミュンヘンを経てウィーンへ引っ越してきていたのである。一年数ヵ月後には彼の妻になる妹のコンスタンツェと、この頃もう恋仲になっていたかどうかは定かでない。後にモーツァルトは父親に対して、「あの頃はまだそういう関係ではなかった」と、強くそれを否定している。いずれにせよ、息子をいつまでも子供扱いしがちなレオポルトは、ウェーバー一家に対して強い警戒心をあらわにする。

一方ザルツブルク大司教との仲は、ウィーンにやってきてから険悪になる一方だった。モーツァルトは一七八一年三月二四日の手紙で、大司教の侍従アルコ伯爵のところではいつも召使と一緒に食事をしなくてはならないことについて怒りをぶちまけている(5)。もちろん当時はまだ天才芸術家などという概念はなく、宮廷に出入りする職人の一人としてモーツァルトが召使と同じテーブルで食事をするということは、彼に対する侮辱でも何でもなかったはずである。当然ながら父親は、あまりにも性急な息子の憤激をいさめた。

だが父の忠告に対してモーツァルトは、かつてなかったような激しい口調で反撃する。五月一九日の手紙である。「ぼくも何から書いたらいいのか分かりません。最愛のお父さん。ぼくはまだ驚きから立ち直れないでいるんですから。そして、もしあなたがこれからもそんな風に考え、書き続けるなら、ぼくはもう決して立ち直れないでしょう。——正直に言わなくてはなりませんが、あなたの手紙には、ただの一行もぼくの父親を見出せないのです！——たしかに、父親ではあるかもしれませんが、でも自分自身の名誉と子供たちの名誉を気づかう最上の父親、愛情に溢れた父親ではありません。——ひと言でいえば——ぼくのお父さんではありません」(6)。モーツァルトがここまで父親に対して激昂した調子で手紙を書いたことは、それ以前にはなかった。遅れた反抗期がこの頃になってやってきたのだろうか。

大司教との最終的な決裂は六月八日。この生意気で身のほど知らずの若者は、侍従のアルコ伯爵に尻を蹴り上げられて、大司教の館の裏口から放逐《ほうちく》されたといわれる。恐らくモーツァルトは、二度と再び奉公人にはなるまいと決意したことであろう。「アルコの奴については、ぼくはただ自分の理性と心情にさえ助言を求めればよいのです。したがって、正当で当然のことを、しかも過不足なくするのに、地位ある貴婦人や要人をぼくは必要としません。——心こそ人間を高めるものです。そして、ぼくは伯爵に生まれついたわけではありませんが、多くの伯爵たちよりもはるかに名誉心を身につけています。そして従僕であれ伯爵であれ、ぼくを侮辱する以上、それはやくざにほかなりません。（中略）誰かがぼくを侮辱したら、ぼくは復讐しなくてはなりません」。この有名な手紙が父に宛てて書かれるのは、六月二〇日のことである(7)。

しかしながらモーツァルトは、直情径行な純情青年であると同時に、抜け目のない仕事人でもあった。既にこの年の四月に彼は、ゴットリープ・シュテファニーという人物にオペラ台本を書いてくれるように頼み、またローゼンベルク伯爵（ヨーゼフ二世の演劇長官）にご機嫌うかがいをしたりしながら、着々とウィーンでの出世の足がかり（要するにオペラの契約）を狙っていたふしがある。ザルツブルク大司教との大喧嘩は、ウィーンで自活できる目処が立った上での、確信犯的な行為だった可能性もあるだろう。もしウィーンで自立してやっていけるなら、もう二度とザルツブルクに戻らなくていい。しかも恋仲になりつつあった女性が既にいたわけである。彼女と結婚すれば、口うるさい父親の干渉からも逃げ出せる。そうモーツァルトが考えたとしても、不思議ではない。

一七八一年七月三〇日、晴れて自由の身になったモーツァルトのもとに、シュテファニーがあるオペラ台本をもってくる。既にベルリンでヨハン・アンドレという人物によって作曲されていた、クリストフ・フリードリヒ・ブレッツナー作の《ベルモンテとコンスタンツェあるいは　後宮からの逃走》である。二番煎じのものではあったが（当時こういうことは珍しくなかった）、モーツァルトはすぐさま作曲にとりかかった。八月一日の父への手紙には、もう第六番（コンスタンツェの最初のアリア）、第四番（ベルモンテの最初のアリア）、第一幕の終わりの三重唱（第七番）を作曲したとある。(8)自由の身になってからの最初の大きな契約で、しかも相手はウィーン宮廷。これが成功すれば一気に名声が高まるはずだ。さらに彼には既に（恐らくは）将来を誓い合った女性がいて、しかも彼女の名前は新作オペラの

コンスタンツェの肖像　モーツァルトいわく、ウェーバー家の姉アロイージアは「無作法で不実」だが、妹コンスタンツェは「心優しく賢い」。そして「ブスではありません。が、決して美人とはいえません」。

ヒロインと同じコンスタンツェ。どれほどの情熱をもってモーツァルトがこの作品に向かったか、自ずと想像がつくだろう。

ちなみにモーツァルトは長らく、コンスタンツェとの付き合いをレオポルトに伏せていた。父親が怖かったのだろう。彼が婚約の決意を告白するのは一二月一五日のことであるが、そこには次のようにある。「最愛のお父さん！　あなたはこの前の手紙の終わりにぼくがちょっとふれたことを説明するよう求めておいでですね！——ああ、ずっと前から、ぼくの胸の内をどんなにあなたに打ち明けたかったかしれません。でも、そんなことを考えるのは早すぎると、叱られるような気がして言い出せませんでした」(9)。ご丁寧に彼は、大司教と喧嘩別れしたときには、まだ交際は始まっていなかったと言い訳までしている。「ついでにお話ししておかなければいけませんが、ぼくが大司教に仕えるのを辞めたころは、ぼくらの愛はまだ始まっていませんでした。ぼくが（あの家に住んで）彼女の優しい気づかいや世話を受けるうちに、愛が芽生えたのです」。つまり父から「どうせ性悪女にそそのかされて、あんな軽はずみなことをしたんだろう！　そんな女との結婚は絶対にだめだ！」と叱責されると見越して、先手を打って弁解しているのである。

婚約者コンスタンツェがかつてマンハイムでモーツァルトを「ふった」アロイージアの妹であり、しかも彼女らの母ツェツィーリアがしたたかなやり手婆的キャラクターだったこともあって、父は結婚に猛反対だった。結局モーツァルトは、翌一七八二年八月四日、父の許しを得ず結婚式を挙げることになる。家父長の同意が結婚の絶対条件だった当時の習慣からして、これは異例なことであった。一途に愛し合い、時として無鉄砲な恋人たちが、艱難辛苦を乗り越えて結ばれる物語である《後宮からの逃走》がウィーンで初演されたのは、この結婚式の二〇日ばかり前、一七八二年七月一六日のことである。

要するに《後宮》は、モーツァルトがそれまでの様々なしがらみ（ザルツブルク大司教および父／家族）を清算し、大都会で「自立した芸術家」としての生活を開始して、さらには将来の妻となる女性と付き合いを始めた、まさにそういうタイミングでやってきたビッグチャンスだった。初演はただちに大成功をおさめ、それとほぼ同時にモーツァルトは結婚式を挙げた。つまり《後宮》こそ、公私両面におけるモーツァルトの、輝かしい自立した人生の出発を告げる作品だったのである。

コンスタンツェ——愛のヒロインの誕生

最初にあらすじを簡単に紹介しておこう。これは海賊に誘拐され、トルコの太守セリム・パシャのハーレムに売り飛ばされた恋人コンスタンツェを、彼女の恋人ベルモンテが救出する物語である。伝統的な喜劇の常として、この「高貴な男女」は「庶民的な男女」と対になっている。コンスタンツェと一緒に囚われの身になっている召使ペドリルロおよび侍女ブロントヒェンのカップルである。ベルモンテは闇に乗じてコンスタンツェらとともにハーレムからの脱走を試みるが、粗暴なトルコの役人オスミンにつかまって太守（これはセリフのみの役であり、歌手ではなく俳優によって演じられる）の前に引っ立てられる。しかもベルモンテが実は太守のかつての仇敵の息子であることが判明し、ベルモンテたちは進退きわまる。しかし太守セリムは寛大にも、復讐ではなく慈悲によって敵に報いることを決意し、めでたく恋人たちは祖国へ戻ることを許される。

《後宮》は自伝的性格をもつ作品である。一途に愛し合う恋人たちが苦難を乗り越え、最後には結ばれる——これは伝統的な喜劇オペラの筋の定型であると同時に、右にも述べたように、作曲当時のモーツァルトの状況そのものだったといってもいい。実際《後宮》は恋人への想いを歌い上げるアリアが目白押しで、モーツァルト・オペラにあってこれほど熱烈な愛の賛歌に溢れている作品は他にない。その頂点をなすのが、第二幕でコンスタンツェが歌う、いわゆる「拷問のアリア」（第一一番）である。いつまでも心を開いてくれないコンスタンツェに向かって太守は、自分がいかに彼女を愛しているかを穏やかな口調で諄々《じゅんじゅん》と説く。しかし相変わらず殻を閉じたままの彼女を見て、とうとう堪忍袋の緒が切れた彼は、「しからば拷問にかけてでも……」と怒りを爆発させる。それに対して「どんな拷問にかけられようがこの愛を貫き通す」とコンスタンツェが高らかに歌うのが、この長大なアリアである。

演奏至難なコロラトゥーラの超絶技巧が示すように、このアリアは明らかにオペラ・セリアのスタイルで作られている。一般に喜劇オペラ（あるいはジングシュピール）では、こうしたコロラトゥーラ・アリアが用いられることは少ない。人間離れした喉の技巧を駆使する歌手（特にカストラートである）が登場するのは、オペラ・セリアと決まっている。そこで描かれるのは古代ペルシャや古代ローマの英雄だったりするわけだから、それを演じる声もまた人間離れしているのは当然だろう。対するに喜劇オペラの主人公は等身大の人間であって、ここから喜劇独特のリアリズムが生まれてくる。つまりオペラ・ブッファは、途方もない技巧を持つわけではないが、生身の人間の情感を生き生きと伝えることが巧みな、演技派の歌手によって歌われるのが常なのである。

しかしながら通例に反してモーツァルトは、喜劇（あるいはジングシュピール）の中にセリア様式を持ち込むということをしばしば行う。《ドン・ジョヴァンニ》におけるドンナ・エルヴィーラ、《コシ・ファン・トゥッテ》におけるフィオルディリージ、《魔笛》の夜の女王などは、その典型だ。セリア様式を巧みに挿入し、喜劇オペラの「地の」スタイルとの間に様式平面の落差を生じさせ、それによって通常の喜劇の枠を超える感情表現の陰影を作り出すのである。

ただし、今名前を挙げたエルヴィーラやフィオルディリージや夜の女王はすべて、「庶民の世界に迷い込んできた女王陛下」といった、少し時代錯誤的なアイロニーを含む役柄ばかりである。何かしら大仰で、硬直していて、暴風雨のように怒りくるってみせたり、あるいは時代遅れの貞操《コスタンツァ》（この「コスタンツァ」という言葉はバロック・オペラの常套句である）を言い立てる。それがモーツァルトの喜劇オペラにおけるコロラトゥーラ歌手の一般的な役どころなのである。言い寄ってくる男性を、「死んでも操を守り抜く」とばかりに大仰な身振りで拒絶する《コシ・ファン・トゥッテ》のフィオルディリージ（アリア「岩のように」）は、こうしたセリア様式のパロディーである。

それに対して《後宮》の「拷問のアリア」には、こうしたパロディー風のところはまったくない。それをモーツァルト・オペラにあっても比類のない感動的な貞操のアリアとしているのは、セリア的な気高さと人間的な情感の揺れとの、驚くべき結合である。

とりあえずコンスタンツェのアリアは、オペラ・セリアの定式でいえば、「勝利のアリア」の類型に「復讐（ないし怒り）のアリア」のそれを混ぜたものということができるだろう。勝どきをあげる勇壮なトランペット、ティンパニの轟き、英雄的なコロラトゥーラは前者に、テンポが速くなると現れる落ち着かないシンコペーションのリズムは後者に、それぞれ属するものだ。バロック・オペラにはしばしば男装の麗人というものが登場してくるが、こうした「勝利のアリア」を女性が歌う場合は、一般にはこうした男装の麗人によってである。

しかしながら《後宮》のヒロインは、決して男勝りのアマゾネスではない。凛として勇敢だが心優しい柔和な女性。それがコンスタンツェである。第一章で触れた《ポントの王ミトリダーテ》のアスパージアのアリアもそうだったが、ここでは勇壮な楽想が優美で抒情的なそれと絶えず交錯する。彼女の性格のこの二面性は、オーケストラによる序奏から既に明らかだろう。ここでは冒頭の勇ましいトランペットに続いて、宝石のような木管のパッセージに彩られた、室内楽（ないしセレナーデ）風のゆらめく弦楽器の楽想が溢れ出す。コンスタンツェは、「どんな拷問ものともしない！」と叫ぶだけでなく、太守に向かって「どうか心を動かされてください、私をいたわってください」とすがり懇願する弱い女でもある。

一七八一年九月二六日の父に宛てた手紙でモーツァルトは、ベルモンテのアリア（第四番）のオーケストレーションについて、次のように述べている。[10]「愛に溢れた胸のときめきも——オクターヴの二つのヴァイオリンで示されています」。「震え——おののくさまが分かります。——高鳴る胸の鼓動が——これはクレッシェンドによって表現されています。——囁きと溜息が聞こえます。——これは弱音器つきの第一ヴァイオリンと一本のフルートのユニゾンで表わされています」。この描写はほぼそのまま、コンスタンツェのアリアについてもあてはまる。

「貞操」というオペラ・セリアの時代がかった常套句は、このような無限に揺れる情緒を内側にはらんだとき初めて、真摯な感情へと人間化される。単なるコロラトゥーラ技巧誇示のための口実でもなく、何を言おうが聴く耳をもたないオペラ・セリアの王侯の頑なさでもない、命がけの防禦の表現となる。強い意志を秘めていると同時に情感に溢れ、当時ドイツで流行した表現でいえば「情感溢れる／感じやすい（empfindsam）」弱さももつ近代的なヒロインが、ここに生まれた。コンスタンツェはルソーの『新エロイーズ』のジュリーやゲーテの『若きウェルテルの悩み』のロッテにも比すべき存在であり、将来の妻と同じ名前をもつこの登場人物に、モーツァルトは自分の理想の女性像を託したのである。

恋愛結婚の成立過程

ここでヨーロッパにおける一八世紀までの「恋愛の歴史」について少し触れておこう[11]。まず結婚についていえば、興味深いことに、一八世紀になるまで愛と結婚を結びつける考え方はほとんどなかったらしい。結婚とは何より――人（男）と人（女）ではなく――家と家の結びつきであり、貴族階級では婚約の日に初めて相手と会うというケースがほとんどであって、数回の訪問と型にはまった会話の機会があるのみであり、見ず知らずの男女が結ばれるのが常だったという(12)。古くからキリスト教は「夫婦は愛し合うべし」としてきたが、それは結婚生活における「振る舞いの掟」のようなものであり、愛情は結婚するための不可欠の条件ではなかった。つまり結婚生活における愛はあくまで友情の一種であって、かなり禁欲的な性格をもっており、そもそも恋人を妻にすることによって愛と結婚とを一致させてしまうことは、あまり歓迎されなかったのである(13)。

よく言われることだが、プラトン主義やキリスト教の影響のもと、ヨーロッパでは「精神的な愛＝真の愛」に対する「肉体的な愛＝偽の愛」を厳しく排除する伝統があった。肉体が介在する愛はご法度であって、結婚してからも性交は子作りを目的とする場合のみ許されるというのが、キリスト教の公式見解だった。恐らくこうした考え方が、恋愛と結婚を峻別《しゅんべつ》する背景になっていたのだろう。従って「愛が高まって結婚に至る」などという考え方は論外であって、自分の妻を愛するなど滑稽と考える傾向すらあったらしい。

一九世紀に入ってなおスタンダールは、その『恋愛論』（一八二二年）の中で「世界で、最も多く幸福な結婚が行われているのは（中略）新教国ドイツである」と述べて、次のように揶揄している。「ビュロ君はフェルトハイム嬢を心からしかも公然と恋している。いつもどこへでもついて行って、たえず話しかけ、時には我々から十歩はなれたところへ彼女をひっぱって行くこともたびたびだ。こんな明けっぱなしな偏愛は仲間の感情をそこね、話をぶちこわしている。セーヌ河の岸辺であれば、むろん無礼極まることだとされる」。そして「これらの恋する男たちが、恋人たちに明けっぱなしで情熱的に恋を語ることは、フランスでなら無礼、滑稽、破廉恥の骨頂だといわれるのだろう」というのである。(14)

なお右の引用からも分かるように、恋愛／結婚観には明らかに地域ごとの違いがあって、フランスを中心とするカトリック圏の貴族文化では結婚と愛を分離しようとする傾向が強く、それに対してプロテスタント圏では情愛を結婚の基盤とする考え方がかなり早くから出てきた。ルソーの『新エロイーズ』（一七六一年）において、ジュネーヴ出身の主人公サン＝プルーは、恋人ジュリーに宛てた手紙の中で、パリの風俗について次のように書いている。「結婚とは同棲すること、同じ姓を名乗ること、同じ子供たちを認知することに同意するが、なおその上にお互いに対するいかなる種類の権利をも持たない二人の自由な人間の協約としか見えません。ですから、この国で夫が妻の不行跡を取締るような真似をしようものなら、ちょうど我が国で妻の公然の乱倫を忍ぶような夫に劣らず非難の声を世間に立てさせることでしょう」(15)。カトリック圏における「妻の不貞を騒ぐ夫」は、プロテスタント圏における「妻の不貞に耐える夫」と同じくらいスキャンダラスだという比較の仕方が面白い。

次に「愛」についていえば、肉体の快楽を禁じるキリスト教の建前にもかかわらず、宮廷の王侯貴族たちは放埓《ほうらつ》の限りを尽くしていた。この傾向がとりわけ強かったのはフランスであり、アンリ四世の時代のヨーロッパ宮廷の風紀は乱れきっており、ルイ一四世はそれを正そうとしたが、摂政時代になると再び乱交パーティーが行われるようになったという[16]。ただし宮廷社会のこうした放埓な性関係を、近代的な意味での「愛」の範疇に入れることはできまい。むしろそれは狩猟などと同じ一種の遊戯であったと考えられるべきであって、その最も洗練され頽廃した形を、ラクロの『危険な関係』やサドの『悪徳の栄え』の中に見出すことができるはずである。

宮廷の遊戯愛――それが作法を厳格に守った慇懃《ギャラント》なものであれ、乱交パーティーといった直截な情欲の解放であれ――でもない。キリスト教の建前に合致するような、性差のないプラトニックな愛（友情）でもない。官能を抑制し、かといってそれを完全に拭い去りはしない、ほのぼのとした心情による愛というものが強調され、それこそが結婚の前提であるという考え方が生まれるのは、一八世紀初頭のイギリスであって、ドイツでも一八世紀半ばあたりから「心の合致」こそが結婚の究極目的であるとされるようになったらしい[17]。この新しい「愛のかたち」を、ゲーテとワーグナーの研究で名高いディーター・ボルヒマイヤーは、従来の宮廷文化における「ギャラントな愛」に対する「情感溢れる（empfindsam）愛」と呼び、ジュッタ・グライスはギャラントな愛の情熱や官能性とは対照的な、「理性的で甘い（zärtlich）愛」と定義している。当然予測がつくことであるが、こうした新しい「愛のか

1778年頃の銅版画（ダニエル・ホドヴィエツキ）「自然な生き方と取り澄ました生き方」と題されている。宮廷恋愛と近代市民の愛の違いが一目瞭然である。

たち」には、「結婚」、「誠実（恒常性）」、そして「幸福と真実」といったイメージが結びつくことになる。まさにこの時代に、われわれが考えるような「愛にもとづく幸せな結婚」のイメージが生まれてきたのである。

歴史的に見てこうした近代的な愛は、少々意外だが、まず下層階級から生まれてきた。貧民層の場合、結婚に備えて女が家政婦として働いてへそくりをためるといった形で、経済的に自立したカップルが生まれ始める。女の役割への評価が高まり、配偶者同士の成熟度が増し、対等の立場による夫婦の絆が形成され、情愛が大きな役割を果たすようになる。農民たちが恋愛結婚を始める。それに比べれば上流階級における恋愛結婚は遅れた[18]。また一般民衆の場合は、利害が優先される度合いも少なく、若い男女がつきあう機会も多かったので、感情がそれにふさわしい位置を結婚生活の中で占めるようになった。心から愛し合うカップルがオペラ史に現れるのは、セリアではなくブッファであったのと、これは同じ事情である。

その恋愛／結婚観においてモーツァルトは、まさにこの「心情による愛と結婚」を希求した時代の子であった。既に何度も触れたアロイージア・ウェーバーへの恋を父親に打ち明けた手紙の中で、モーツァルトは自分の結婚観を次のように述べている（一七七八年二月七日）。「フォン・シーデンホーフェンさんの結婚式がもうじきあげられるという話、お父さんを通じて、もっと早く知らせてくれるとよかったですね。それならぼくが新しいメヌエットを書いてあげたのに。彼の幸福を心から望みます。でも、それはおそらくまた金銭結婚以外のなにものでもないでしょう。ぼくはそんな結婚をしたくはありません。ぼくの妻を幸福にしたいとは思いますが、彼女の財産で幸福になろうとは思いません」。「高貴なひとたちはけっして好みや愛情で結婚せずに、ひたすら利害やその他もろもろの付帯目的があって結婚します。妻がお役目を果たし、がさつな相続人を生み出したあとまで、妻を愛するなどということは、身分の高いひとたちにはふさわしくないことです。しかし、ぼくら貧しい平民たちは、愛し愛される妻を選ばずにはいられないばかりか、そうしてさしつかえありません。そして、そうできますし、そういうひとを選ぶでしょう。なにしろぼくらは貴族でも、上流階級でもなく、名門でも、金持でもないどころか、平民の、とるにたらぬ、貧しい人間ですから、ぼくらの財産はぼくらが死ぬと同時になくなってしまうわけで、金持の奥さんなど必要ではありません。ぼくらの財産は頭の中にあるのですから。――そして、ぼくらの頭をちょん切らないかぎり、誰もそれを奪うわけにはいきません。しかも、そのときは――もうぼくらには要りません」(19)。金持ちのような利害による結婚はしたくない、愛情を通して結ばれたい、そしてたった一人の女性と末永く愛し愛される関係でありたい――ここには、一八世紀に生まれた「新しい愛のかたち」の理念が、初々しくも感動的な言葉で表明されている。《後宮からの逃走》は、「一途に愛し愛され、そして結婚する」というモーツァルトの若き日の夢の、美しい結晶であった。

嫉妬――愛の実存的不安

右で素描したような「心の結びつきを通した愛」は、一体なぜ、他でもない一八世紀に生まれてきたのか。明快な答えなどあろうはずがないが、いくつかの仮説を示してみたい。まず間違いなくこれと関係していたと考えられるのは、身分制度の揺らぎである。「外」の社会関係に縛られず、心という「内」を通して自由に人と人が結びつくことができるという夢が、新しい恋愛観の前提の一つだったと思われるのだ。これとも関係するが、個人意識の誕生ということも見逃せないだろう。「何々家の甥の誰々伯爵の令嬢」といった代替可能な

「身分」と結婚するのではない。他の誰でもない、この世にたった一人の「あの人」と結ばれたいという願望である。しかしながら「心」とやらを通して、身分に関係なく自由に男女が結びつくことができるようになったとして、一体その持続性はどう保証するのか。心は決して理性と同じではなく、下手をすると刹那の欲情と紙一重なのではないか……。

従来の結婚は神の秘蹟《ひせき》であるとされていた。つまり神を結婚の立会人とし、あるいは結婚を神の思し召しとすることでもって、とかく気紛れに左右されがちな男女の結びつきに外からたがをはめ、それを取り消し不能にするのである。それに対して一八世紀になると、結婚は秘蹟ではなく法的契約だとする考え方が出てくる。[20] 神という「外」の絶対的な保証人がいなくなったとき、必然的に結婚は自律化を求められた。つまり何らかの形でその持続性を担保する存在を、「内」に確保する必要が出てきた。それが「心」の神聖化だったのではないか。ほかの誰でもない、この世にたった一人の「あの人」との出会い。それは運命的なものであり、だからこそ、その人だけを永遠に愛し続けなくてはならない。こういった近代の恋愛結婚イデオロギーは、「神の秘蹟」という従来の神学的な結婚観の世俗化であったように思うのである。

しかしながら神の権威と比べたとき、心とはまことに当てにならない無責任な保証人である。《フィガロの結婚》のケルビーノは歌う。「自分で自分が分からない、自分が何をしているのか分からない。あるときは炎、あるときは氷……」。このように自分のことすら分からない「心」で結びついた男女が、必然的にかかえこむことになるのが、愛の綻びに対する恐れだ。相手も自分と同じように愛してくれているのだろうか？　もしそうだとしても、本当にいつまでも愛してくれるのだろうか？　その保証はどこにあるのだろう？　そもそも自分だって「本当に」相手を愛しているのだろうか？　愛って何なのだろう？　こうした愛の実存的不安が《フィガロの結婚》や《コシ・ファン・トゥッテ》の中心的な主題であることはいうまでもない。しかしながら、一見したところ陰り一つないように見える《後宮》の愛の楽園の中にも、既に嫉妬という名の蛇が密かに入り込んでいる。それがこのオペラに、平板な「愛の賛歌」を超えた、形而上学的な次元を与えている。

ここで例にとるのは第二幕フィナーレの四重唱である。ハーレムに忍び込んだベルモンテは、ついに恋人コンスタンツェと再会を果たす。召使のペドリルロおよび侍女のブロントヒェンが加わって、熱烈な愛の歓びが表現される。しかしながら再会の歓喜が一息つくと、空気が一変する。ベルモンテが急に、「コンスタンツェは既に太守の愛妾になっているのではないか……」と疑い始めるのである。召使ペドリルロもまた、ブロントヒェンが実はオスミンと出来ているのではないかと不安になってくる。しかし彼らは疑いをはっきり口にすることができない。ベルモンテはつぶやく。「だけど……ああ……どんなに嬉しくても、私の胸はなお感じるのだ、多くの密かな恐れを！　噂だと……噂だと……お前は……」。どうしようもない猜疑心が鎌首をもたげてくる、しかし口にするのは憚《はばか》られる……。こんな感情領域をオペラに持ち込んだ作曲家は、モーツァルト以前にはいない。

ベルモンテとペドリルロの疑念は、お茶目なブロントヒェンが「バカな勘ぐりをするのはいい加減にしなさい！」とばかりにペドリルロに平手打ちを食わせることによって、一気に晴れる。「ああ、よかった……！」――並の作曲家であれば（ここまでのことが実現できるだけでも「並」ではないわけだが）、ここですぐに愛の歓びを謳う四重唱へと、再び転じたことだろう。だが男と女の心理のうつろいについて、ほとんど微分的ともいえるようなやり方で彫琢《ちょうたく》を重ねるのが、モーツァルトである。浮気を疑われた女性たちは、当然ながら、すぐには素直になれない。気まずい空気が流れる。コンスタンツェとブロントヒェンは拗ねたふりをしてみせ、男たちは何度も懸命に赦しを請う。この間テンポも楽想も調性もめまぐるしく変化し続ける。そうこうするうちに、徐々に晴朗な調子が戻ってきて、最後になってようやく再び弾ける愛の歓びがやってくる。この四重唱の始まりをさらに上回る歓喜によって、第二幕は締めくくられる。こうして「再会の歓び→疑い→嫉妬に打ち勝つ愛」という弁証法が完遂されるのである。

第二幕の締めくくりの歌詞は次のようなものである。「愛よ、万歳！　私たちが愛を大切にする限り、何ものも嫉妬の炎を煽ることはできない」。この頃のモーツァルトはまだ、「貞操はすべてに打ち勝つ、どんな嫉妬も怖くはない！」というセリフに、このような輝かしくも率直な音楽を書くことができた。愛を信じていたのだ（愛へのこの絶対的な信頼は、もはや《フィガロ》以降、二度と戻ってくることはないのだが……）。

しかし次のように考えることもできるだろう。モーツァルトがここで音楽の焦点を当てているのは、愛そのものではない。むしろ愛の歓びが不安へ、不安が歓びへ転じるプロセスなのであって、その推移を彼は驚くべきグラデーションでもって描いている。モーツァルトは愛しい人との再会の歓喜の最中にあって、愛が本質的にはらんでいる実存の不安に既におのいているようにも思えるのである。

既に述べたように《後宮からの逃走》には原作があって、モーツァルトは大半をそのまま作曲しているのだが、数箇所だけ注目に値する変更を行なっている。父に宛てた書簡の中の《後宮》作曲の経過報告を読んでも、これらがモーツァルト自身の要請によることは疑いない。コンスタンツェの「拷問のアリア」も新たに加えられたものなのだが、もう一つの重要な変更点が、他ならぬこの第二幕の四重唱である。原作ではこの箇所は、ベルモンテがコンスタンツェに太守のハーレムで何があったかを尋ねる会話はレチタティーヴォで早々と片づけられ、その後で短い再会の四重唱が来て幕を閉じるという、実にあっさりした構成になっていた。つまりモーツァルトには、他でもない嫉妬と歓喜の間の心理の揺れこそを音楽の焦点としたいという明白な作曲意図があって、だからこそ原作のこの部分をこんなにも拡大させたのである。

ヒーローになり損ねたヒーロー

モーツァルトが原作に対して行ったもう一つの重大な変更箇所は、第三幕における劇の結末である。ブレッツナー原作の終わり方はまことに型どおりのもので、そこではコンスタンツェを連れて後宮から脱走しようとしたベルモンテが、オスミンに見つかって太守の前に引き出されるのだが、結局ベルモンテが太守の行方不明になった息子だったことが判明し、すべてめでたく終わるというオチになっていた。対するにモーツァルトが行ったのは、劇の予定調和的な性格を根底から覆すような変更であった。つまりベルモンテは実は——太守の行方不明になった息子どころか——かつて太守に対して酷い仕打ちをしたスペイン貴族の息子であったことが、判明してしまうのだ。それによって、もはや定型的な喜劇の枠を完全に超えた、極めて深刻な状況が生まれることになる。

そもそもベルモンテは、トルコの「野蛮人」のもとで囚われの身になっている恋人を救出にきた、「悪いやつをやっつける正義のヒーロー」だったはずである。ところが野蛮行為を働いた悪いやつは、太守どころか、自分の父親であることが分かる。善と悪の極が逆転してしまうのだ。かくして、勧善懲悪劇のヒーローになり損ねたベルモンテが選ぶのが、愛の殉教者《ヒーロー》になる道である。ベルモンテとコンスタンツェはともに愛のために死ぬ決意をする。

「あなたのために、愛する人よ！　喜んで私の命をささげよう。何という至福！　愛する人とともに死んでいくのは、至上の恍惚！　歓喜に満ちたまなざしとともに、私はこの世を去っていくのだ」。この《トリスタンとイゾルデ》を予告するかのような長大な二重唱（第二〇番）では、「至福（Seligkeit）」、「至上の恍惚（seliges Entzücken）」、「歓喜に満ちた（wonnevoll）」など、ワーグナーと見紛うばかりの語彙が並べ立てられる。これはモーツァルトが最もロマン派に接近した瞬間だったといえるだろう。

もし太守が残忍な極悪人であったならば、《後宮》はロマンチックなメロドラマとして、過不足なく終われたはずである。実際一九世紀オペラは、ベートーヴェン《フィデリオ》のピッツァロやウェーバー《魔弾の射手》のザミエルやワーグナー《神々の黄昏》のハーゲンのように、絶対的ヒーローを際立たせるための絶対的悪人を量産し続けた。それに対して、単純な善悪は存在しない世界を描こうとするのが、モーツァルト／一八世紀流リアリズムである。つまり寛大にも太守は、復讐ではなく慈悲によって仇敵に報いることを決意し、めでたく恋人たちは祖国へ戻ることを許されるのだ。恋人たちはトリスタンとイゾルデにはなれない。彼らは生き続けなければならない。少し気恥ずかしい思いをしながら、そして自分たちが「まだまだ子供だ」ということを思い知らされ、しかし「明日」という日常を生きていけることへの喜びをかみしめながら。こうした完全決着のカタルシスを宙吊りにした「開いた終わり」は、その後もモーツァルト・オペラのフィナーレを絶えず規定し続けていくことになる。

人々が太守への感謝を込めて歌う締めくくりのヴォードヴィル（第二一番）は、一見いかにも定型的な喜劇の終わりに見える（親しみやすい同じメロディーを、登場人物がセリフを変えながら一番、二番、三番といった具合に順々に歌い、それをもって客席への挨拶とし、劇を締めくくる）。だが結末のこのハッピーエンドもまた、よく見れば見るほど、どこか奇妙だ。この印象は、ある意味ではこのオペラの真の主人公であり、また守護者であるはずの太守セリムが、歌の輪に加わらないことからくる。歌手ではなく俳優が演じるこの役は、フィナーレにおいて終始沈黙しているのである。ドラマで最も高貴な人物が加わらないハッピーエンドなどあるだろうか？

もともとモーツァルトはテノールにこの役を歌わせようとしていたらしい。太守は極めてオペラ・セリア的な人物であって、《ポントの王ミトリダーテ》や《イドメネオ》でもなじみの、若い情熱的なカップルに対置される、父親的性格をもつやや老いた国王の役どころである。また王が潔く身を引く決意をすることで、若いカップルが結ばれるというパターンも、オペラ・セリアを踏襲している。そして、こうした老いた国王の役は、一般にテノールによって歌われるのが当時の習慣だったのである（ミトリダーテもイドメネオもそうである）。どうしてモーツァルトが結局俳優にこの役をやらせることにしたかは不明だ。ひょっとすると実際的な理由（契約を当てにしていた歌手がキャンセルしたなど）があったのかもしれない。だが、たとえそうであったとしても、最終的にはすべてを完璧な劇的必然性へと高めてしまうのが、モーツァルトである。太守は絶対に「歌わない役」でなければならない。歌う恋人たちの愛の共同体に加わらないことで彼は、若者たちから敬意をもって排除された、諦めの人として印象づけられるのである。

オペラにおける「諦念の人」といえばすぐに思い出されるのは、ワーグナー《ニュルンベルクのマイスタージンガー》のザックスとリヒャルト・シュトラウス《バラの騎士》の元帥夫人だろう。だがシュトラウスの元帥夫人には、最後に感動的なメロドラマを演じて舞台を去る見せ場が用意されているし、ワーグナーのザックスに至っては、若い娘エヴァへの愛を諦める代わりに、ドイツ民族の指導者として家父長の権威を手に入れ、フィナーレで滔々と演説をぶつ。人物造型の点で《後宮》の太守とよく似てはいるが——後の《魔笛》のザラストロには既に、このザックスの父権のカリスマが予告されている——初々しい青年モーツァルトの手による《後宮》の太守には、こうした権威主義はまだまったくない。彼はひたすら黙して恋人たちの晴れやかな笑顔を見守り、ひっそりと身を引いていく。この慎みは、若者たちの一途な愛が不可避的にもたらす排他性を、そこはかとない哀しみとともに印象づけずにはおかない。

この高貴な太守を負の方向へ反転させたのがオスミンである。《魔笛》のモノスタトスと同じく、彼は清く正しい愛の啓蒙世界から黒い山羊として放逐される、社会化不能の「野蛮人」である。太守の寛大な措置がどうしても我慢できない彼は、初めは皆と同じヴォードヴィルの旋律を歌っているが、徐々に頭に血がのぼり始め、「首を切って、つるして、熱した棒で串刺しにして、焼いて、縛りつけて、水につけて、皮を剝いでやる！」とののしりながら、（ト書きによれば）「激怒して走り去る」――凍りついたような沈黙が一瞬訪れる。一般にハッピーエンドとは、何かしらまだ不満はあっても、とりあえず社会の振る舞いの「型」

に従い、「万事めでたいことにする」という儀式のようなものだ。この共同体の回復の儀式の虚構は、まことにもろいものであって、暗黙の合意の上で全員が「めでたいことにする演技」をしないことには成立しない。そんな場でオスミンがこのように本音をあらわにし、しかも退席してしまっては、座はぶちこわしであろう。平たく言えば、一気に座はしらけてしまう。「万事めでたし」に対するこうした懐疑は、モーツァルト・オペラのフィナーレをしばしば特徴づけるものだが、これについては追々詳しく論じることにしよう。

オペラの最後に二組の恋人たちは、船に乗ってトルコを去っていく。これは何の曇りもない満たされた和解の不在を、それとなく示唆するものではなかろうか。音楽は太守を讃えるトルコ行進曲を賑やかに奏でるが、その陽気さが別離の淡いペーソスを逆に浮き上がらせながら、《後宮》は幕を閉じる。もちろん《後宮》のフィナーレにあっては、このような懐疑のひび割れはほとんど気づかないくらい微かなものではある。しかしながら《フィガロの結婚》を経て《ドン・ジョヴァンニ》に至り、この亀裂はやがて修復不能の巨大な裂け目になっていくことになるはずである。

第三章

「昔はあんなに愛し合っていたのに」

《フィガロの結婚》と喜劇の臨界点

《フィガロの結婚》『The Victrola book of the opera』（1917年刊）より

《後宮からの逃走》の続篇としての《フィガロ》

「昔はあんなに愛し合っていたのにC'eravamo tanto amati」――これは一昔前イタリアで大変人気があったテレビのバラエティー番組の題名である。毎回それぞれの知人（兄弟だとか友人だとか）を助太刀に従えた倦怠期の夫婦がスタジオに招かれ、二手に分かれて相手を罵り派手に夫婦喧嘩をやらかし、最後にスタジオの識者からアドバイスを受けるという、たわいないがなぜか見入ってしまう洒落た番組だった。《フィガロの結婚》はまさに、この「あんなに愛し合って結婚したけれど……その後は一体どうなるの？」という、傍から見ればただの喜劇かもしれないが、当人たちにとってはどんなことよりも切実な、「答えのない問い」を主題とするオペラである。

モーツァルトの《フィガロ》は、フランスの劇作家ボーマルシェ（一七三二〜九九年）のいわゆるフィガロ三部作の二つ目を原作としている。この三部作は『セヴィリアの理髪師』（一七七五年）、『フィガロの結婚』（一七八四年）、『罪ある母』（モーツァルトが死んだ翌年の一七九二年）から成っていて、一作目の『セヴィリア』は有名なロッシーニ作品（一八一六年）より前に既にパイジェッロが作曲していた。このパイジェッロの《セヴィリア》は大ヒットしたオペラで、一七八三年のウィーン初演の折にはモーツァルトもそれを観劇したと考えられている。三作目の『罪ある母』はフランス革命の後で書かれた作品であって、フランス革命後のパリを舞台に、老いたアルマヴィーヴァ伯爵夫妻を主人公としている。伯爵と妻ロジーナの間には一人だけ子供が生まれたが、この息子は自堕落な生活の果てに決闘で死んでしまい、今や彼らは夫人ロジーナが小姓ケルビーノ（ボーマルシェの原作ではシュヴァリエ・レオンとなっている）との間にもうけた不義の子を息子として育てているという、何とも陰鬱な芝居である。この作品は一九六六年になってからフランスのダリウス・ミヨーがオペラ化した。

このボーマルシェ三部作にあって何より興味深いのは、その第一作『セヴィリアの理髪師』の筋立てが、モーツァルトの《後宮》と実によく似ている点である。ボーマルシェの『セヴィリア』では、一途に愛し合うアルマヴィーヴァ伯爵と後見人のもとで囚われの身同然になっているロジーナとが、フィガロの機転によってめでたく結ばれることになる。同じようにモーツァルトの《後宮》では、情熱的な青年ベルモンテがトルコのハーレムで囚われの身になっているコンスタンツェを救出する。つまり彼はここで既に「熱烈に愛し合った末に結婚する男女」をオペラにしていたのであって、《後宮からの逃走》はモーツァルト版『セヴィリア』であるともいえるのだ。そして「幸せな結婚」がその後どうなったかを描くのが、この《フィガロの結婚》に他ならない。《後宮》のベルモンテは後のアルマヴィーヴァ伯爵、コンスタンツェは後の伯爵夫人であり、今度は彼らの召使ペドリルロとブロントヒエンの庶民的カップルがフィガロとスザンナとなって結婚式を挙げる番だ。ボーマルシェのそれが『セヴィリア』の続篇であるのと同じ意味で、モーツァルトの《フィガロ》は《後宮》の続篇として読まれねばならないのである。

ちなみにボーマルシェの『フィガロ』ではアルマヴィーヴァ伯爵は結婚三年目ということになっているが、《フィガロ》作曲開始時のモーツァルトもまた、奇しくも伯爵と同じ――倦怠期の始まりとよくいわれる――結婚三年目を迎えていた。

《後宮》初演（一七八二年七月一六日）から《フィガロ》初演（一七八六年五月一日）にかけては、モーツァルトの人生の意気揚々たる絶頂期だった。結婚後まもなく第一子が誕生する。ウィーンでのモーツァルトはとりわけクラヴィーア奏者としてひっぱりだこで、ピアノ協奏曲の第一一番（KV.413）から第二五番（KV.503）までが、ウィーンに出てきた一七八一年から《フィガロ》初演の一七八六年の間に集中して書かれた。交響曲はザルツブルク時代ほどは量産されなかったが、それでも第三五番「ハフナー」（KV.385）が一七八二年、第三六番「リンツ」（KV.425）が一七八三年、そして第三八番「プラハ」（KV.504）が《フィガロ》初演後の一七八六年に作曲されている。また一七八三年三月二三日には皇帝臨席のもとでのブルク劇場の自作演奏会が大成功。フリーメーソンに入団するのもこの時期である（一七八四年一二月一四日）。さらに一七八五年二月から四月にかけて息子の様子を見にウィーンにやってきた父親に、彼は羽振りのいい生活を見せつけている。父とはこれが最後の別れとなった。

ただし、いくらクラヴィーア奏者として売れっ子だったとはいえ、《後宮》以来モーツァルトは、随分長い間オペラを書いていなかった。《後宮》と《フィガロ》の間の四年のブランクは、《羊飼いの王様》（一七七五年）から《イドメネオ》（一七八一年）までと並ぶ、モーツァルトの人生におけるオペラ創作の最大の空白なのである。情熱が失せたわけではない。それどころかモーツァルトは、折に触れてオペラ作曲への意欲を語っている。一七八二年末には最新のブッファ台本をイタリアから取り寄せ、一七八三年二月五日には父に対してゴルドーニの『二人の主人の召使い』をドイツ語に訳させている旨を伝えている。また一七八三年五月七日には父に宛てて「百冊以上の台本を読んだ」と書き、また《カイロの鵞鳥》および《だまされた花婿》を計画したりもしている。前者の台本は《イドメネオ》のそれを書いたジョヴァンニ・バッティスタ・ヴァレスコ、後者は恐らく《フィガロの結婚》《ドン・ジョヴァンニ》《コシ・ファン・トゥッテ》の台本を書いたダ・ポンテによるものといわれている。

当時のモーツァルトに唯一欠けていた勲章、それはオペラでの決定的成功である。確かに《後宮》は大人気を博したが、どういうわけか次の契約が舞い込むには至らなかった。一つの作品のヒットがきっかけとなり、次々に他都市（ヴェネチア、ミラノ、ナポリ、ドレスデン等々）からオファーが来て初めて、そのオペラは本当に成功したといえる。これが当時のオペラ業界の暗黙の了解であって、クラヴィーア奏者としてどれ程もてはやされようとも、オペラの分野で「次」の契約が来なかったことは、モーツァルトにとって相当不本意だっただろう。

周知のようにボーマルシェの原作は極めて反体制的なもので、一七八〇年に既に原作は出来ていたが、コメディー・フランセーズでの初演は一七八四年まで待たねばならなかった。この戯曲は瞬く間にヨーロッパ中で評判を呼び、ウィーンでも既に一七八五年二月三日にケルントナートーア劇場でこれを上演しようとする計画があった。企画したのは、後の《魔笛》の台本作者シカネーダーである。ただしこの上演は皇帝ヨーゼフ二世の命令により中止となり（出版は許可された）、《フィガロ》のオペラ化にあたっては、ダ・ポンテ[1]が皇帝と直接かけあって、ようやく上演許可を得たといわれる。

しかしながら、《フィガロ》のオペラ化を思いついたのは、ダ・ポンテではない。この構想をダ・ポンテに持ち込んだのはモーツァルトなのだ。しかも《フィガロの結婚》は、公式の依頼なしに書かれた、彼の唯一のオペラである。確かな契約の当てもないまま構想された自主企画。しかも話題沸騰中の、ただし札付きの「危ない」台本のオペラ化。そして前作の成功にもかかわらず、四年以上オペラの契約が来ない作曲家。こう考えれば、《フィガロ》がモーツァルトにとって何を意味したか、自ずと見えてくる。

《チマローザでもパイジェッロでもサリエリでもマルティン・イ・ソレールでもいい、当時のウィーンの売れっ子オペラ作曲家のスコアを、《フィガロ》のそれと見比べれば、モーツァルトの表情記号や楽器の扱い方やセリフの音楽化の凝りように、誰しも驚嘆するはずである。一年に何作も依頼があったとすれば、モーツァルトといえどもここまで精緻な総譜をものにすることは出来なかっただろう。稀有の作曲家が持てるエネルギーのすべてを傾注して大勝負に出た——《フィガロの結婚》は、そんな作品なのである。

一七八五年の秋から作曲が始まった《フィガロの結婚》が初演されるのは一七八六年五月一日（ブルク劇場）。反響はかなりのものだったともいわれるが、結局九回上演されただけで終わり、その後三年間、ウィーンでは舞台にかけられなかった（興味深いことにフランス革命勃発直後の一七八九年八月二九日に再び取り上げられ、都合二九回上演された）。パイジェッロ、サリエリ、サルティ、マルティン・イ・ソレールらの作品は普通、最初の三年のシーズンの間に二〇回以上舞台にかけられて、その後何年もレパートリーにのせられたことを考えると、(2)《フィガロ》がモーツァルトの意気込みに見合う大成功をおさめたとはいえない。プラハでの上演が大評判となり、《ドン・ジョヴァンニ》の契約が舞い込んだことが、オペラ・ビジネス的な意味での《フィガロ》における唯一の収穫であった。

本気で愛してしまう人たち

まずあらすじを紹介しておこう。とはいえ、《フィガロ》ほど込み入ったオペラ台本は前代未聞であって、後で述べるように、最初から最後まで絶え間なしに何かしら事件が起き続けるといっても過言ではない。以下の要約は、非常に簡略化したものである。

かつてあれだけ愛し合って結婚したはずのアルマヴィーヴァ伯爵と夫人の間には、いつの間にかすきま風が吹き始めている。今や伯爵は自分の召使フィガロの許婚スザンナにぞっこんなのだ。彼女をものにしようと、伯爵は廃止したはずの初夜権を復活させようとしている。それを阻止すべく、伯爵夫人とスザンナは二人して一計を案ずる。まずスザンナの名前で伯爵を逢引に誘い出す手紙を書き、ついでスザンナに変装した伯爵夫人がそこに赴き、いそいそと逢瀬の現場にやってきた伯爵をとっつかまえて恥をかかせ、スザンナを諦めさせると同時に、再び夫人への愛を取り戻そうという計画である。この計画を知らないフィガロは、てっきりスザンナが本当に伯爵と浮気をしたと思い込んで絶望するが、結局は誤解も解け、伯爵は夫人と和解し、万事めでたく幕となる。

このように《フィガロの結婚》は、伝統的な喜劇の常として、「身分の高いカップル」と「身分の低いカップル」という四人の男女を主人公にしている。ただし《後宮からの逃走》と違って、彼らは何の緊張や葛藤もなく平和共存しているわけではない。伯爵夫婦の仲は既に冷め、主人の伯爵と召使フィガロの間には密かな敵意が生まれている。さらにアルマヴィーヴァ伯爵とスザンナの間に斜めの関係が生じ、三角関係が作り出されているのである。伯爵が彼女に色目を使うだけではない。スザンナもまた伯爵をそれなりに憎からず思っていることは明らかだろう。ここでは人間関係に何重ものひびが入っているのだ。《後宮》にあってはほとんど目に見えなかった男女の間の亀裂が、徐々に広がり始めるドラマ。それが《フィガロの結婚》である。《後宮》におけるかすかな亀裂とはつまり、第二章で触れた第二幕の四重唱における、男たちの猜疑心に他ならない。このひび割れは、ブロントヒェンがペドリルロに「ばかなこと考えるんじゃないの！」とばかりに平手打ちを食わせた瞬間、すぐに修復することができた。だが《フィガロ》ではそうはいかない。アルマヴィーヴァ伯爵も、伯爵夫人も、フィガロも、そしてスザンナすらも、皆が嫉妬にかられ、それでも謝罪して、何とか互いを赦しはする。だが初々しい青春の記念碑《後宮》とは違って、ここでは誰も非の打ち所なく潔白とはいえない。一線を踏み越えてしまうようなことはかろうじて回避される。だが誰もが何かしら後ろ暗さを心に隠しているのである。伯爵はいうまでもない。しかし伯爵夫人もまた、ケルビーノと戯れて心ときめかせたのではなかったか？伯爵とスザンナの間には本当に何もなかったのか？　いくら相手が変装したスザンナと分かってはいても、第四幕で伯爵夫人に求愛してみせるフィガロの演技は、真に迫りすぎてはいないか？

そもそも演技の中で思わず本音が出てしまうとか、お芝居のつもりがあまりにもリアルになりすぎて自分でもそれが本心なのか演技なのか区別がつかなくなってしまうといった場面が、モーツァルト・オペラには頻出する。レポレロに自分の扮装をさせて、エルヴィーラに向かって懺悔をしてみせるドン・ジョヴァンニ。自分に心を開いてくれないのなら、この胸を剣で刺せとフィオルディリージに迫る、《コシ》のフェランド。モーツァルトの音楽がどう聴いても真情の吐露としか思えない切ない表情を見せ、あるいは一際輝きを増して、まるで悪魔のように誘惑的になるのは、決まってこうした「うそ」の場面である。そんなときモーツァルトの美は残酷な嘲笑へ転じる。破壊衝動がエスカレートするほど、音楽はますます美しく優雅になっていくのである。

ケルビーノに女装させる伯爵夫人とスザンナ、猜疑心にかられて荒れ狂うが結局してやられる間抜けな伯爵、スザンナと伯爵夫人の衣装の取替えっこ――一見したところこれらは、ロココ風の「恋のお遊び」にしか見えないかもしれない。だが遊戯の表皮の下の本気を、つまり人妻に恋をして結局は歓喜の中で自殺を遂げるウェルテル的な狂気をその背後に感じ取らない限り、《フィガロの結婚》という作品の本当の凄みを理解することはできないだろう。

いくつか例を挙げよう。例えば伯爵夫人が侍女のスザンナと衣装を取り替える場面（第四幕）などは、何より名誉を尊ぶ当時の宮廷社会では、前代未聞のスキャンダルだったはずである。だからこそ第三幕のアリアで伯爵夫人は、この変装劇の決行をあれほどためらうのだ。しかしいくらためらっても、それを実行してしまうのが伯爵夫人である。

あるいは彼女とケルビーノとの関係についても、これをたわいない恋愛遊戯と見なしてよいものだろうか。ボーマルシェの『フィガロ』の続篇である『罪ある母』は一七九二年に初演された作品で、既に述べたように、フランス革命勃発後の一七九〇年末のパリを舞台にしている。ここでは伯爵夫人はケルビーノとの間に不義の子をもうけ、そして彼は士官となって戦死したということになっている。モーツァルトやダ・ポンテがこの続篇を書いたのではないにせよ、伯爵夫人とケルビーノの間には、一線を踏み越えた狂気《パッション》へと転じかねない、ただならぬ空気が漂っていることを忘れてはなるまい。

伯爵に対する夫人の行動を特徴づけるのは、彼女が何よりも真心を求めていること、そして「本物の愛」を求めて、時としてなりふりかまわない行動に出るということである。つまり彼女は、どんなに激情にかられても顔に出さないことを至上命令とする宮廷作法の、およそ対極にある人物であって、ほとんど一九世紀のボヴァリー夫人のような「愛のためなら何をするかわからない」女性のキャラクターを先取りしているとすらいえるのだ。もともと彼女ロジーナは平民の娘であり、身分の違いを超えて「心から愛し合って」伯爵と結ばれたわけだが、貴族の夫人となってもなお、彼女の振る舞いを特徴づけるのは、心を至高のものとする市民的な愛のモラルなのである。

しかしながら「本気になってしまう」という点では、彼女の夫アルマヴィーヴァ伯爵も妻に劣らない。まず忘れてならないのは、彼が決してただの「セクハラおやじ」ではないという点だろう。ボーマルシェの原作序文には「極めて貴族らしい品位をもって演じられること。態度は優雅で率直自由である」とある。今流に言えば魅惑的なチョイ悪《ワル》というところだろうか。少なくともスザンナは伯爵を蛇蝎《だかつ》のように嫌っているわけでは決してなく、ことによると伯爵とスザンナが実は内密に「できている」（そしてスザンナはフィガロとの結婚を機にこの不倫関係を清算しようとしている）という解釈も十分に可能なのだ。

　とはいえ、彼を単なる遊び上手なプレイボーイのように思い描くこともまた、劇の本質を歪めてしまうだろう。遊び人というには、彼はあまりに真面目すぎる。貴族にありがちなギャラントな恋の狩人の域を超えて、伯爵はスザンナに本気で執着している。心を彼女に奪われているのである。このことが明らかになるのが、第三幕である。

　伯爵夫人のために薬を取りに来たといって、スザンナが伯爵のもとにやってくる。そして彼女は、「薬は単なる口実で、本当は伯爵様にお話があって……」などと言い始めるのだが、早い話が「マルチェリーナに対してフィガロが負っている借金を返すために、私に持参金を下さい、そうしてくださるなら、今晩お殿様と寝てもいいですわ」ということである。もちろん伯爵にひと泡吹かせるお芝居なのだが、そうとは知らない伯爵は、「閣下のお望みは私の望みでございます」という逢引を了承するスザンナの言葉を聞いて、一瞬「信じられない……」というような表情を浮かべる。ここから第一六番の二重唱が始まる。「むごいぞ！　なぜ伯爵が最初に口にするのは、意外なことに、内心の深い苦悩である。「むごいぞ！　なぜ今まで私をこんなに焦がれさせたのだ？　なぜ？　むごいぞ！」――この言葉をモーツァルトは、短調による悲痛な感情吐露として作曲している。既婚者でありながら、今晩結婚式を挙げる娘に手を出そうとしている伯爵の不道徳など、ほとんど意識に上ってこない。それほどに、この音楽は感動的だ。たかだか自分の召使の許婚にすぎない小娘に、彼はここまで入れ込んでいる。

いじらしいほど真剣になっている伯爵とは対照的に、スザンナは小憎らしいまでにコケットだ。セリフが伯爵からスザンナへとバトンタッチされた瞬間、弦楽器によるモノクロームでほとんど悲愴な音楽が、豊かな木管の倍音で彩られた肉感的なハーモニーへ移行する。注意していないと聴き落としてしまうほど短いパッセージであるが、この瞬時の転調は、どんなに身持ちのいい男でも抵抗できないような、匂い立つ色香をまきちらすだろう。思わせぶりにスザンナは言う。「女は『はい』と言うまでにいつも時間がかかるものですわ……」。荒々しく抱きつこうとする伯爵をするりとかわす彼女の優美な身のこなしが、目の前に見えるようだ。心理の綾の一瞬の変化、息をのむような一瞬の身振りを音で捉える技。どんな男でもひとたまりもなく理性を麻痺させられるであろう、愛くるしく優美で無邪気で、しかし一筋縄ではいかない官能の残り香。よくいわれる「デモーニッシュなモーツァルト」を私が最も強く感じるのは、絶望的な短調の作品などではなく、こうしたわずか数小節の目立たない経過句においてである。

気持ちがすっかり前のめりになってしまっている伯爵に対して、スザンナは余裕綽々である。本気と嘘を自在に操る彼女の演技が魅惑的に描かれれば描かれるほど、伯爵の一途な真剣さが浮き立つことになる。彼はすっかりスザンナのペースにはまっている。身分を忘れ、我を忘れ、心を奪われているのである。

並の作曲家ならばこの箇所を、およそ次のように作曲しただろう。スザンナ「閣下のお望みは私の望みでございます」──伯爵「ひどいぞ、どうして今までこんなに焦らせたのだ？」──スザンナ「女は『はい』と言うまでに時間がかかるものでございます」。ここまでは早口のレチタティーヴォ。そしてチェンバロが型どおりのカデンツで「しゃんしゃん」とやってから、二重唱の始まり。軽快な弦の響きにのせて、「では今晩庭に来てくれるな？」「ではまいりましょう」以下がコミカルに歌われて終わり。サリエリやパイジェッロやチマローザはもちろん、時代は少し後になるがロッシーニであっても、この場面はこのような方向で作曲したに違いない（恐らくロッシーニなら皮肉な注釈のような音型をどこかに入れただろうが）。これならば、伯爵の揺れ動く心の陰影などは、まったく観客の意識には上らなかっただろう。つまり台本がまったく同じであったとしても、それをどう作曲するかによって、劇の意味合いはまるで変わってくるということである。その意味で、《フィガロの結婚》の最終的な作者は、ボーマルシェでもなければダ・ポンテでもない、劇作家としてのモーツァルトなのだ。本気で愛し、本気でのめりこんでしまう、不道徳ではあるけれども一途な人間としてのアルマヴィーヴァ伯爵は、モーツァルトの手によって創り出されたのである。

ラ・フォル・ジョルネー──狂った速さ

ボーマルシェの原作はもともと「狂った一日《ラ・フォル・ジョルネー》」と題されていたわけであるが、モーツァルトの《フィガロ》は文字通り、絶え間なく狂ったように運動し続けるドラマである。オペラとしては破格に多い登場人物。「あらすじ」に要約することが不可能なくらいの、予想外の事件の連続。こうした破天荒な運動性格の予告が、あまりにも有名な《フィガロ》序曲である。

モーツァルトの序曲の多くがそうであるように、《フィガロ》序曲もまたセレナーデ風の様式で書かれている。貴族の晩餐会や結婚式をはじめとする祝宴のための音楽を書くことは、当時の作曲家にとって最もニーズのある仕事の一つであって、モーツァルトも幼い頃からセレナーデを作曲する職人技を徹底的に父から叩き込まれたはずである。流麗で時折いたずらっぽい笑顔を見せる弦楽器によるアレグロのメロディー、次々に灯をともされていくシャンデリアの蠟燭を連想させる木管の彩り、締めくくりの堂々たるトゥッティと輝かしいトランペットのファンファーレなどが、このセレナーデ様式を特徴づける「型」だ。《フィガロ》序曲は、こうしたセレナーデ的音楽の条件のすべてを満たしている。

とはいえ、《フィガロ》序曲が何らかのセレナーデの第一楽章として流用されるなどということは、やはり想像しにくい。それはなぜかといえば、まさにその理由が、この序曲の桁外れの運動性格なのである。この熱狂と疾走は尋常ではない。例えば冒頭のあまねく知られた弦楽器のモチーフ。これを一度ゆっくりピアノか何かで弾いてみてほしい。そこには均衡がとれたシンメトリックな楽節構造は存在しない。モチーフというよりむしろ衝動の破片とでも呼んだ方がいいような、絶え間なしにとんでもない方向へせわしなく走り回る、長さもそれぞれが異なったモチーフの断片が並べられているだけなのである。

あるいは序曲が始まって間もなく、フォルティッシモが聴き手を不意打ちにするところ。低弦が狂ったようにニ（d）の音を八分音符で延々と引き伸ばし続ける。二〇世紀のストラヴィンスキーが偏愛したオスティナート（低音で一つの音ないし一つのリズムを呪文のように繰り返し続ける技法）ではあるまいに、この時代の一般的な作法としては、低音はもう少しバランスよく色々な音の間を動くものだろう。これを「ほとんどいかれている」と形容しても、モーツァルトに対する冒瀆にはならないはずである。

ではなぜ人があまりこの主題（それがもし主題と呼べるとすればであるが）の異様さに気づかないかといえば、それはこの序曲が恐ろしく速いテンポで演奏されるからである。テンポ指示は「プレスト」。これほど極端な速度を求めている楽章は、この時代にはほとんどない。これはいわば、通常のセレナーデを録音したテープを、冗談半分に倍速で再生しているようなものだ。もはや割れたシャンデリアの破片のようになっているにもかかわらず、その「割れ」を人に気づかせないほど絶え間なしに動き回ることで、この冒頭のモチーフの断片はかろうじてつなぎとめられ、主題らしきものに聴こえているのである。

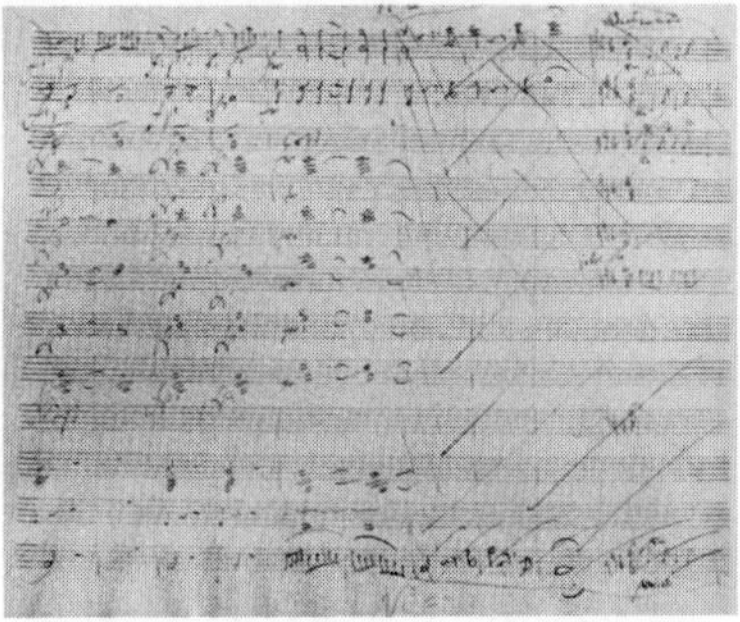

《フィガロの結婚》序曲の手稿　冒頭の主題が戻ってくる手前のところに、ゆったりしたニ短調の中間部を置こうとして、結局削除したことが分かる。

《フィガロ》序曲のこうした「狂った速さ」の意味を実感するに格好の二つの録音がある。一つは、リヒャルト・シュトラウスの子飼い指揮者として（あるいはニューイヤー・コンサートの創始者として）名高いクレメンス・クラウスによるザルツブルクでの第二次世界大戦中の演奏である。[3] ライヴということもあるのだろう。彼はこの序曲のコーダを、ロックコンサート顔負けの途轍もない熱狂でもって演奏している。コーダの煽り立てるような猛烈な加速など、聴いているだけで目が回りそうになる。

対するに一九二〇年代のワイマール・ドイツにおける異端の指揮者として名高かったオットー・クレンペラーは、最晩年の《フィガロ》録音において、極端に遅いテンポでこの序曲を演奏する。これはまさにブレヒトの意味で異化的な演奏であって、「音楽の皮下組織が異様にグロテスクに拡大されて見えてくる」とでも形容するほかないような演奏だ。こうしたスローモーション・ビデオのような実験をしてみると、きらめく《フィガロ》序曲が、実はシャンデリアが崩れた果ての瓦礫の山のような断片から出来ていることが生々しく分かるはずである。

《フィガロ》序曲についてはモーツァルトの手稿が残っていて、そこからは彼が最初この序曲にゆったりしたテンポの短調の中間部（シチリアーノ）を置こうと考えていて、結局それを削除したことが判っている。アレグロの両端とゆっくりした中間部から序曲を作るのは、いわゆるイタリア式序曲の慣習であって、《後宮からの逃走》の序曲もそうなのだが、結局モーツァルトはそれをやめた。演奏時間わずか四分。狂ったように渦を巻いて疾走し去る、この「ラ・フォル・ジョルネー」の始まりは、こうして出来た。

メランコリーの劇としての《フィガロ》

《フィガロ》のドラマトゥルギーのもう一つの特徴は、息つく間もなく事件が起きる一方、その只中に突如としてドラマが静止し、内省的な抒情があふれ出す点にある。そんなメランコリックな瞬間の一つが、第二幕冒頭の伯爵夫人のアリアである。

ここで彼女は、夫がもはや自分を愛していない寂しさを歌うわけだが、大事なことは、だからといって夫人がそれほど不幸であるわけではないという点だろう。第一章でも触れたように、当時の貴族社会では別に愛は結婚生活の不可欠の前提ではなかった。確かにアルマヴィーヴァ伯爵は、自分は手前勝手に女遊びをする一方、妻に対してはひどく疑ぐり深いけれども、例えば第二幕において妻が浮気していると思い込み、あれほど激昂するということは、彼女をまだ愛しているという証拠でもあるだろう。そのあとの仲直りなどを見ても、この二人はそれなりに仲睦まじい。つまり第二幕冒頭で伯爵夫人が吐露するのは、喜怒哀楽のどれかのカテゴリーに明快に分類できるような感情ではなく、「特に嬉しいわけではない、手持ち無沙汰で、少し退屈で、どこか空虚で、でも決して悲しいわけでもない、日常の中にぽっかりあいた一人の時間」とでも形容すべき、淡いメランコリーなのである。

コンスタンツェの妹ゾフィーによれば、モーツァルトは「いつも機嫌のいい人でした。でも一番機嫌のいいときでも、なにか沈んでいて、人の眼をじっと見つめているかと思うと、ふざけた質問だろうが真面目な質問だろうが答えを考えているように見えるのですが、それでいて、あの方はじっと全く別のことを深く考え込んでいるのです。朝、お手洗に立ったときでも、部屋の中をしばらく歩き回り、じっとしていることはありません。両方の踵を打ち合わせたりしていますが、そういうときも常に考えごとをしているのです(4)」。

こうしたメランコリーについての、モーツァルト自身による証言としてしばしば引用されるのが、一七九一年七月七日に妻に宛てた晩年の手紙の次の一節だ(5)。「ぼくの気持はとても説明できない。それはある種の空虚感というか――まさにぼくを苦しめるのだが、――ある種の憧れというか、けっして満たされず、したがって尽きることがなく――いつも続いていて、そう、日に日につのるのだ」。ここには既に、ノヴァーリス的な「永遠に満たされない憧れ」が先取りされていると考える向きもあるだろう。しかしながら、一八世紀人であるモーツァルトのこの言葉を、あまり過剰に一九世紀ロマン派へ近づけて解釈しない方がいいというのが、私の考えである。《クラリネット五重奏》や《ピアノ協奏曲第二七番》変ロ長調(KV.595)まで待たずとも、モーツァルトは若い頃から淡いメランコリーの表現の名手だった。従来モーツァルトの晩年様式独特の澄んだ諦念の象徴のような作品と考えられていたこの《ピアノ協奏曲第二七番》が、実はモーツァルト最後の年である一七九一年ではなく、それよりかなり前の一七八八年にほとんど完成されていたらしいことが分かったのは比較的最近のことだが、これは別に不思議なことではない。

例えば結婚前後に書かれたと思われる木管のための《セレナーデ第一一番》変ホ長調(KV.375)の冒頭。ここで表現されている感情の質を敢えて言葉にするなら、「幸せなのだが、少し退屈で、何となく切ないような気持ちになることもあるけれど、それでもそれなりに幸せ……」とでもなるだろうか。重要なことは、何かへ向けて憧れるという能動的な指向性は、ここにはないという点である。ロマン派のように切なく何かに恋焦がれる身振りは存在しない。それはもっと受動的で、それなりに満たされているのだけれども、でもどこか心にぽっかり穴が開いたような、いうなれば「特にテンションが高いわけではない」感情の表現であって、伯爵夫人の第二幕のアリアもまた、日常の中でふとわけもなく寂しくなる、そんな瞬間なのである。

再三いうように、《フィガロ》では次から次へ眩暈がするようなテンポでもって予想外の出来事が勃発し、音楽は一瞬たりとも静止しない（その典型が第二幕フィナーレである）。実際《フィガロ》ほど「あらすじ」を要約するのが難しいオペラは、他にないだろう。あまりにも出来事が多すぎるのである。それだけに、伯爵夫人の第二幕のアリアのような物憂い静止の瞬間は、いわば「地に対する図」として一層際立つことになる。

第三幕における伯爵夫人の二つ目のアリアなどもそうだ。彼女はここで再び、失われた夫の愛を切なく懐かしむ。この「過去」への愛惜が、前へ前へと突き進むドラマに陰影を与えるのである。ただし、夫人の二つ目のアリアが最初のそれと決定的に異なっているのは、このアリアの後半で彼女が、夫の愛を取り戻すために積極的に行動に出る（つまりスザンナと衣装を取り替えてひと芝居打つ）決意をする点である。貴族の世界にお嫁入りをして以来、すっかり受身の貴婦人になってしまっていた夫人だけれども、『セヴィリアの理髪師』におけるお茶目で活発なロジーナを、ここで彼女は再び思い出す。この彼女の二つ目のアリアでは、過去へのノスタルジーが未来へのきらめく希望へと転じるのである。

《フィガロ》は絶え間なしに運動し続ける「今／現在」のドラマである。登場人物のほとんどは、今の激情にかられて我を忘れ、今の欲望と誘惑に負けて後先考えずに振る舞い、あるいは今目の前で起きた出来事に埋没してしまって、「かつて／過去」を振り返り、あるいは「明日／未来」に夢を馳せる余裕を失っている。その中で、昔を懐かしみ、そして明日を変えるべく自ら行動する唯一の人物が、伯爵夫人だ。つまり彼女は、《フィガロ》をモデルにしたといわれるリヒャルト・シュトラウスの《バラの騎士》の元帥夫人と同様に、華やかな出番は意外に少ないけれども、ドラマに立体的な陰影を与える額縁のような存在なのである。

アンニュイが希望に転じるのが伯爵夫人のこのアリアだとすれば、それが茫然自失へと転落するのが、第四幕におけるフィガロである。どうやら許婚のスザンナが伯爵と（よりによって婚礼の夜に！）逢引の約束をしたらしいことをバルバリーナから伝え聞いたフィガロは、思いもかけず「寝取られ男」になってしまった境遇を自嘲する。第二六番「男たちよ、目を開け」である。このアリアに先立つレチタティーヴォ（ナンバーとナンバーの間のつなぎ。話すように早口で歌われる）は、もはや取り澄ましたチェンバロのみの伴奏によるレチタティーヴォ・セッコではない。弦楽器がオペラ・セリアのように雄弁で劇的なレチタティーヴォ・アコンパニャートでもって号泣する。「ふざけるな、冗談じゃない……！！！」といわんばかりだ。

とはいえ、この段階ではフィガロは、怒り、罵り、あるいはコミカルな調子で自嘲してみせる元気を、まだ失ってはいない。「不注意で間抜けな男たちよ、目を開いてよく見ろ！女どもを、彼女たちの正体をよく見ろ！（中略）棘のあるバラ、かわいい狐、おとなしく見える熊、意地の悪い鳩。人を欺く名人、人を苦しませるのが得意。そ知らぬ顔でうそをつき、愛を感じず、哀れみも感じない、そう、何も感じないんだ！　これ以上言うのはもうやめよう、誰だって知ってることだ……」。アリアの最後でホルンの囃すようなファンファーレが三度響く。西洋では寝取られ男のことを「角が生える」というが、ここでホルン＝角笛が「寝取られ男フィガロ」を陽気に揶揄しているわけである。

同じ嫉妬と怒りの爆発であっても、第三幕の伯爵のアリアとは違って、このフィガロの「男たちよ、目を開け」は――序奏のレチタティーヴォ・アコンパニャートこそ冗談ごとではない絶望の表現であるものの――正真正銘コミカルな調子で歌われる。「あたしゃ所詮召使ざんすよ、それなら召使らしく花嫁もお殿様に差し出しましょう、どうせ女なんてのは何するか分かったもんじゃない、そんなことは殿方なら誰でもご存知でしょう、あたしだってそれくらいのことは分かっておりますよ」といったところだろうか。

しかし彼にかろうじて残された、おどけてみせるこの余裕は、やがて木っ端微塵に砕かれるときが来る。それが第四幕の第一三景、つまり許婚のスザンナ（実は伯爵夫人が化けている）があずまやへ伯爵と二人で入っていくところを目撃してしまう場面である。「まさか……そんなことはすまい」という望みは、これで完全についえる。「まさかすまい」は「まさかとは思っていたが、本当にしてしまった……」へ転じる。ここで何より感動的なのは、フィガロが伯爵夫人（実はスザンナが化けている）を見つけて婚約者スザンナと伯爵の不貞を訴える箇所の手前の、ごく短い序奏である。月明かりに照らされたロココの庭園。それまで色々な登場人物が出たり入ったりしていた舞台に、たった一人でフィガロが立ちつくす。

「すべては静謐で澄み切っている……」と歌う茫然自失のフィガロの吐息が、夜のしじまにこだまする。再びホルンが鳴り響く。しかし「男たちよ、目を開け」のアリアのような哄笑の調子は、このホルンにはもうない。それは穏やかで少し悲しげな諦念の表情を浮かべる、胸に染入るような抒情的なメロディーである。

このホルンの旋律の解釈について貴重な示唆を与えてくれるのが、音楽史における最大のモーツァルティアンだったといっていいリヒャルト・シュトラウスである。彼が何か言葉を残しているわけではない。ここで参照するのはシュトラウスの音楽、つまり《カプリッチョ》という彼の最晩年のオペラである。この作品はシュトラウスが最も信頼していた（そしてモーツァルト解釈においても定評があった）指揮者クレメンス・クラウスが台本を書き、第二次世界大戦最中の一九四二年にミュンヘンで初演された。舞台はフランス革命直前の時代——モーツァルトが生きた時代——のパリ。主人公は、《バラの騎士》の元帥夫人およびモーツァルトの《フィガロ》の伯爵夫人をモデルにしていると思われる、貴族の美しい未亡人である。彼女は詩人と音楽家の二人から求愛されている。この恋の綾になぞらえて、「音楽と言葉のどちらが人の心を捉えるのか」というオペラの形而上学を主題としているのである。

「私を感動させるのは言葉なのか音楽なのか」——二人の魅力的な男性から愛を打ち明けられ途方に暮れた夫人は、千々に乱れる思いを胸にしまい、物音一つしない夜のロココ庭園を散策する。月の明かりが銀色の衣装に身を包んだ彼女の姿を照らしだす。このパントマイム――夫人は一言も言葉を発しない――を伴奏するのが、間奏曲「月の光の音楽」である。《フィガロ》の大詰めと同じく、この間奏曲はホルンの独奏で始まる。庭をわたる夜風を描写した弦楽器の控えめなざわめき、そして物憂く澄んだ微笑を湛えるこの旋律を聴いて、フィガロの独白におけるホルンとそっくりだと感じるのは、私だけではないはずである。舞台はどちらも一八世紀末の夜のロココ庭園であり、調性はモーツァルトの変ホ長調に対して、シュトラウスはその近親調である変イ長調。リヒャルト・シュトラウスは《カプリッチョ》を、もはやドイツ帝国の敗色が濃くなり始めていた時代に書いた。それが初演されたミュンヘンのバイエルン国立歌劇場は、一年後（一九四三年一〇月）の空爆で破壊され、瓦礫の山となる。シュトラウスはこんな時代を、モーツァルトが生きたフランス革命直前のアンシャン・レジームの世界と、重ね合わせていたのではないか。

もし《カプリッチョ》の「月の光の音楽」が《フィガロ》第四幕への追憶だとするなら、《フィガロ》のホルンと《カプリッチョ》のそれを結んでいるのは、確かにあると信じていたものが、月明かりに照らされた夢の世界のように、美しくも脆く綻び崩れていく感覚なのだろう。

伯爵夫人は本当に夫を赦したのか？

こうした「メランコリーの劇」としての《フィガロ》最大のクライマックスが、第四幕フィナーレにおいて伯爵を赦す伯爵夫人の有名なセリフ、「私はあなたより寛大なので、喜んで赦しましょう」である。夫人がフィガロと逢引をしたと思い込んで怒り狂う伯爵。果たして、あずまやの中からフィガロに続いて夫人（実はスザンナが変装しているのだが）が引きずり出されてくる。召使と浮気した伯爵夫人。何たるスキャンダル！「お赦しを！」――「いや、絶対にだめだ！」というやりとりが繰り返される。そこへスザンナの格好をした本物の伯爵夫人が登場し、啞然としている夫に向かって、澄ました顔でいう。「私から赦しをお願いしてもだめでしょうか？」ことの次第を瞬時に理解した伯爵の痛恨の悔悟、「伯爵夫人、赦してくれ、赦して……赦してくれ……」から、音楽の調子が一変する。まるで宗教音楽のトーンになるのである。伯爵「（懇願する調子で）伯爵夫人よ、どうか赦しておくれ」。／伯爵夫人「私は貴方より素直です。はいと申しましょう」。／一同「ああ、これでみんな満足するだろう」。わずかこれだけの会話が、まるで時間が停止したかのような（テンポはアンダンテになる）、果てしなく続く静寂へと拡大される……。

この謝罪と和解の場面をボーマルシェ原作と比較すれば、モーツァルトが一体何に劇の焦点を当てようとしていたか、たちどころに明らかになるだろう。原作のこの箇所は次のようなものだ。(6)

伯爵「（夫人を立たせようとする）なんということだ。あなただったとは知らなかったもので……。(哀願するように) ただひたすら許してもらうより手はないが……」。／伯爵夫人「(笑いながら) あなたが私だったら、『いかん、許さん』とおっしゃることでしょうね。でも私、今日はこれで三度目でございますが、無条件に許してさしあげます (立ち上がる)」。／シュザンヌ「(立ち上がって) 許してさしあげます」。／マルスリーヌ「(立ち上がって) 許してさしあげます」。／フィガロ「(立ち上がって) 許してさしあげます。このあたりは木霊《こだま》が聞こえますな」。／伯爵「木霊だと……！　そうか、こいつらを相手にうまく立ち回ろうとした私が、逆に子供のようにあしらわれたのだな」。／伯爵夫人「(笑って) くやしがってもだめですよ、伯爵様」。／フィガロ「きょうの一日の短い勉強で立派な大使ができますな」等々。

以下まだまだ会話が続く。ここでは随分多くの登場人物のセリフが雑然と詰め込まれていることが分かるだろう。モーツァルトの簡潔さ、言葉による表現を突き抜けてしまった深さの次元は、ここにはない。ボーマルシェの人物たちは何のためらいもなく普段どおりに言葉をかわしている。彼らにとってこの謝罪と赦しは、日常の沙汰の延長以上でも以下でもない。

それに対してモーツァルトが《フィガロ》のフィナーレで描くのは、人智を超えた何かをかいま見て言葉を失い、ほとんどおののいている人たちである。《ミトリダーテ》(アスパージアとシーファレの対話) や《後宮》(第二幕四重唱) や《フィガロ》第三幕 (スザンナと伯爵の会話）など、これまでも台本を音楽化する際のモーツァルトの非慣習的なやり方を色々見てきたが、ここでも彼の作曲の仕方は異例である。もう一度モーツァルト／ダ・ポンテの《フィガロ》フィナーレのセリフを確認しよう。

伯爵「伯爵夫人よ、どうか赦しておくれ」

伯爵夫人「私は貴方より素直です。はいと申しましょう」

一同「ああ、これでみんな満足するだろう。苦しみと気まぐれと狂気のこの日を、ただ愛だけが満足と陽気さで終わらせることが出来る。花嫁花婿よ、友人たちよ、さあ踊りに行こう、楽しく過ごそう。爆竹に火をつけよう。楽しい行進曲の音に合わせて、みんなでお祝いに行こう」

モーツァルトは伯爵のセリフから一同のセリフの冒頭「ああ、これでみんな満足するだろう」までを抒情的なアンダンテにしておいて、「苦しみと気まぐれと」以下の一同のセリフはアンサンブルにしている。前者には何と三分近くもの音楽を書いているが、後者はわずか一分足らずで済ましている。このような区切り方はモーツァルト独自のものだ。通常のオペラなら間違いなく、伯爵夫人の「はいと申しましょう」まではレチタティーヴォで軽くかたづけられ、一同が「ああ、これでみんな満足」と入ってくるところからが、陽気な最後のフィナーレになるはずである。夫婦が仲直りをするところを見届けた上で、全員が「よかったよかった」と唱和するのであるから、こちらの方がはるかに台本の区切りと音楽がしっくり一致する。例えばヨハン・シュトラウスの《こうもり》は、《フィガロ》と随分似通った筋立ての作品だが、最後ぎゃふんと言わされた色男アイゼンシュタインは、「悪かった、全部シャンパンのせいなんだ……」と地のセリフで妻ロザリンデに謝罪し、それを受けた彼女が「あらあら全部シャンパンのせいですってさ」と陽気に歌うところからが最後のフィナーレになる。型にはまった喜劇では、どんなことがあろうとも最後は赦してもらえると、前もって決まっている。だからこそ謝罪はさっさとレチタティーヴォや地のセリフで済ませてしまうことができるのである。

しからばモーツァルトは一体なぜ、わずか一言二言にすぎない謝罪と赦しの場面をあそこまで拡大し、あそこまで深い音楽を書いたのか？　簡単にいえばそれは、モーツァルトの《フィガロ》の場合、「どんなことがあろうとも最後は赦してもらえると前もって決まっているわけではない」からである。これは予定調和的世界の否定であって、モーツァルトは「伯爵夫人は本当に自分の夫を赦せるかどうか」を劇の主題にしたといってもいい。《後宮からの逃走》第二幕において彼は、原作では簡単に片づけられている嫉妬のモチーフを拡大して、しめくくりの四重唱の中心に据えた。それとまったく同じ意味で、《フィガロ》におけるモーツァルトは、夫「赦せ、悪かった！」／妻「ばか、もうやっちゃだめよ！」といった喜劇の定型的和解からは絶対に見えてこない男と女の間の深淵を、ここで浮き彫りにしようとしているのである。

果たして伯爵夫人は本当に心の底から夫を赦しているのか？　つまり「夫は今後二度とこのようなことはしない」とでも考えているのだろうか？　夫の浮気は今に始まったことではない。今は謝っていても、いずれまた浮気が始まることは目に見えている。しかし彼は今、確かに深い悔悟の念にとらわれている。それに夫が嫉妬深いということは、彼がまだ自分を愛している証でもあるだろう。だがここまでことを大きくしてしまって、果たして元の鞘へ何事もなかったかのように戻れるだろうか？　あのメランコリックな夫人の赦しの場面は、幾重ものクエスチョンマークのようにも、取り返しがつかないことをしてしまった茫然自失のようにも、見てはいけない深淵を見た罪悪感のようにも、あるいは絶対者への祈りのようにも、つまり宗教的浄化のようにも聴こえる。次作の《ドン・ジョヴァンニ》では喜劇が裂けて地獄へ転落していくとすれば、《フィガロの結婚》では喜劇の裂け目から天上の声が響いてくる。この赦しの場面を聴いているといつも私は、マーラーの《交響曲第九番》第三楽章における、悪魔的なスケルツォの無窮動が突如として停止し、天から清らかなトランペットの響きが降り注いでくる箇所を連想してしまう。

《ドン・ジョヴァンニ》のドラマにおける主人公のあまりにも劇的な地獄落ちと同じく、《フィガロ》もまた、あまりにも神々しいこの和解の場面でもって、もはや容易に日常世界へは引き返せない地点に到達してしまっている。一同による「ああ、これでみんな満足するだろう」は、ほとんどミサかオラトリオではないだろうか？

あたかも神が降臨したかのようなこの瞬間の、あまりにも深い余韻の後、やがて低弦がおずおずと前へ踏み出す。それはまるで、「めでたしめでたし」の決まり文句をここで果たして口にしていいものか、しばしためらっているみたいだ。どうしよう？　本当にことは無事解決したんだろうか？　それとも……？　だが幸いなことに《フィガロ》では、ぎりぎりのところでもって、人々の絆の崩壊は回避される。いつまでも「あちらの世界」にとどまっていてはいけない。人それぞれに、他の誰とも共有することはできないような、様々な思いはあるだろう。だが社会は回っていかなければいけない。明日もまた、何事もなかったかのように、日常の一日が来なくてはならない。かくして最後は、型どおりの「めでたしめでたし」が、全員によって、そして心から歌われることになる。

確かに伯爵と伯爵夫人の間には、たとえ彼らが心から仲直りしたとしても、かつてのあの愛の自明性はもはや戻ってこないかもしれない。だが愛の不可知をまだ知らず、無邪気に未来を信じあっている若い恋人たち――フィガロとスザンナ――は、すべてのメランコリーを吹き飛ばしてくれる。彼らの間には、かつてのベルモンテとコンスタンツェと同じように、曇り一つない信頼と愛が溢れている。それは錯覚であり蒙昧であるかもしれないし、「我汝を永遠に愛することを誓う」の自明性の輝きは、容易に「昔はあんなに愛し合っていたのに……」のメランコリーに転じるだろう。だがそれでもなお、希望という名の誤解だけが共同体の明日を保証してくれる。人間社会の歯車を明日に向かって回してくれるのだ。本来は単なる「型」にすぎないハッピーエンドは、その予定調和性を一度疑うことでもって初めて、生きた人間の真実の心情として弁証法的に受肉されるのである。

とはいえ、よくよく考えればこの締めくくりは、「フィナーレ」と呼ぶにはあまりにも短くはないか？　演奏時間わずか一分足らず。これは類例を見ないようなあっけないハッピーエンドであって、感動的な赦しの場面の余韻からまだ覚めないうちに、気がつけばフィナーレも終わっているように思う聴衆は、少なくないはずである。出来ることならフィナーレのカタルシスをもっと心ゆくまで味わいつくしたい。まるでワーグナーのように。だが、まさにそういう「感動の飽和」を絶対にやらないということこそが、モーツァルト・オペラの本領であり、その矜持である。

《後宮からの逃走》と同じように、ここでもまた完全に満ち足りた予定調和は、そのあっけない短さによって宙吊りにされる。感動の飽食を求めていた聴衆は肩透かしを食わされるだろう。モーツァルトは「明日に希望を託す」ということを実体化してしまわない。それをイデオロギーにしない。「明日はこうだったらいいね」の仮定法を、（ベートーヴェンと違って）「未来かくあるべし！」の命令形に転じないのだ。かくして「めでたしめでたし」のフィナーレは、まるで夢の中の花火のごとく華麗に、しかし幻のように一瞬で過ぎ去ってしまう。そして花火が輝くその向こうに広がっているのが、《ドン・ジョヴァンニ》の暗黒である。

第四章　悪人は恋人たちの救世主
《ドン・ジョヴァンニ》と壊れた世界

《ドン・ジョヴァンニ》 British Cartoon Prints Collection ／Library of Congress, 1820

不吉な兆し

《ドン・ジョヴァンニ》は、モーツァルトの恋愛オペラ五部作のシンメトリック構造の中心に位置する闇である。《後宮からの逃走》は、昼に始まり、夜（第三幕の脱走の場面）を経由して、朝に終わった。[1]この陽光は、恋人たちの晴れやかな旅立ちの象徴である。対照的に《フィガロの結婚》は、婚礼の朝に始まるのだが、そうこうするうち日は暮れ（第三幕）、ドラマは真夜中に終わる。夜空にはまだ花火がきらめいている。だが祝宴の明かりもほどなく消え、やがて静まり返った暗黒が訪れるだろう。まさにこの地点から始まるのが、《ドン・ジョヴァンニ》である。これはサド侯爵やラクロやゴヤに代表される啓蒙の世紀の悪夢に、モーツァルトが最も接近した瞬間であった。

《ドン・ジョヴァンニ》は、モーツァルトの私生活に不吉な兆しが見え隠れし始めた時期に書かれた。その作曲は一七八七年三月から一〇月まで。同年四月二四日にはシューラー大通りの豪勢な家からラント通りのかなり質素な住まいへ引越しているから、彼の財政は既に逼迫し始めていたのだろうか。借金が始まるのもこの年かららしい。また五月には、かつては「一卵性親子」ともいうべき関係であった父が亡くなった。モーツァルトとはすっかり疎遠になっていた姉ナンネルは、父の死を弟に知らせもせず、彼女との間には遺産相続をめぐる相当緊迫したやりとりがかわされる。ヴォルフガングの少年時代にはあれほど仲睦まじかったモーツァルト一家は、もはや完全に崩壊していたわけである。

この父の死の直後の六月に作曲されたのは、ショスタコーヴィッチも顔負けのブラックユーモアで名高い《音楽の冗談》（KV.522）である（ただし第一楽章はそれより以前に完成されていたらしいが）。これは下手くそな楽士たちによる調子外れの合奏を皮肉った作品で、特に終楽章は壊れたようなけたたましい不協和音で閉じられる。そして続く七月に作曲されたのが、まるで私生活において何事もなかったかのような、優美このうえない《アイネ・クライネ・ナハトムジーク》（KV.525）だ。尋常ではない淋しさを漂わせたピアノのための《ロンド》イ短調（KV.511）が作曲されたのがこの年の三月であるから、父の死の前後からのモーツァルトの創作は、ほとんど多重人格的な様相を呈しているといっても過言ではない。この頃からどこか彼の精神は均衡を崩し始めたのだろうか。《音楽の冗談》におけるたがが外れた哄笑、《アイネ・クライネ・ナハトムジーク》の華麗な美、そして《ロンド》イ短調の陰鬱――もはや互いに媒介することは不可能と見えるこれらの三つの世界を、強引に一つの作品へと統合した音楽史の奇跡が、一〇月に初演された《ドン・ジョヴァンニ》である。

この一七八七年に書かれた作品としては、他に《ヴァイオリン・ソナタ》イ長調（KV.526）、《弦楽五重奏》ハ長調（KV.515）およびト短調（KV.516）、《四手のためのピアノ・ソナタ》ハ長調（KV.521）、そしてこの年に創作が集中している歌曲があるくらいである。作品数はそれまでの年と比べて相当に減っている。いかにモーツァルトといえども、他のジャンルに手が回りかねるほど、《ドン・ジョヴァンニ》に全エネルギーを集中していたのか。それとも作曲の依頼自体が、何らかの理由で、かなり減り始めていたのか。

「華やかなジャンル」の作品数が激減するのも、この頃からのことだ。交響曲とピアノ協奏曲についていえば、《交響曲第三八番》「プラハ」ニ長調（KV.504）や《ピアノ協奏曲第二五番》ハ長調（KV.503）の作曲が一七八六年一二月であって、モーツァルトが亡くなるまでまだ五年残っていたにもかかわらず、その間に書かれたのは、一七八八年の最後の三大交響曲と《ピアノ協奏曲第二六番》「戴冠式」（KV.537）、そして一七九一年（一七八八年の説もあり）の《同二七番》（KV.595）だけということになるから、《ドン・ジョヴァンニ》の年を境に、交響曲とピアノ協奏曲の創作はほとんど終わってしまっていたといってもいい。

《ドン・ジョヴァンニ》が初演されたのはプラハ。当地では一七八六年一二月に上演された《フィガロ》が大評判となり、モーツァルトは一七八七年一月にそこに招待されて、翌シーズンのための新作を依頼された。こうして生まれたのが《ドン・ジョヴァンニ》である。一七八七年一〇月の初演は大成功だったが、ウィーンでの公演はたいした反響も得られず、何よりモーツァルトが待ち望んでいたはずの他都市からの「次」の契約は、またしても舞い込むには至らなかった。

モーツァルト以前のドン・ジョヴァンニ

《ドン・ジョヴァンニ》は放蕩息子の没落の物語である。乙女ドンナ・アンナ（彼女には既に婚約者ドン・オッターヴィオがいる）の寝室に忍び込んだ主人公は、思いがけず彼女に騒がれ、それを聞きつけてやってきた父親の騎士長を決闘で殺してしまう。彼の色事師人生で初めての不成功、そして殺人者の汚名。しかしながら、こんなことで懲りたりはしない彼は、その後も女性たちを渉猟《しょうりょう》しつづけ、挙句の果てに、自分が殺した騎士長の石像を墓地で見つけ、悪のりして「俺の晩餐会に来ないか？」と誘う。石像となった騎士長は本当にドン・ジョヴァンニの屋敷にやってきて、これまでの人生を悔い改めるよう迫るのだが、主人公はそれを断固拒否し、石像にひきずられて地獄に落ちていく。これがつとに知られたモーツァルトの《ドン・ジョヴァンニ》のあらすじである。

とはいえ、このセヴィリアの色事師を舞台にのせたのは、モーツァルトが最初ではない。そしてドン・ジョヴァンニの物語も、最初からこのような形であったわけではない。「スペインの放蕩息子の地獄落ち」は、一七世紀以来大変に人気があった芝居ネタで、モーツァルト以前にも色々なドン・ジョヴァンニ劇が作られていた。それらとの比較は、モーツァルトの《ドン・ジョヴァンニ》の特異性について、色々なことを教えてくれるはずである。

例えばこの伝説の色事師を最初に芝居にしたスペインの僧侶ティルソ・デ・モリナ。彼の『セヴィリアの色事師または石像の客』（一六三〇年）は、典型的な教訓劇である。「神を信じない悪党はこうなりますよ」というわけだ。こうした「懲らしめ」は、神や王といった絶対的権威があるところでのみ、劇の型としての効力を発揮する（日本でいえば、「葵の御紋」や「錦の御旗」を思い出せばいいかもしれない）。絶対王政の勃興期に書かれたモリナの芝居は、神学に基づく堅牢な予定調和世界の産物であって、当然ながら、モーツァルトのような官能の不条理や神と人との相克《そうこく》といった主題は見当たらない。別の言い方をすれば、単なる教訓劇を微塵に砕いてしまうモーツァルトの《ドン・ジョヴァンニ》は、神／王を絶対的中心とする世界が揺らぎ始めた時代になって初めて、可能になったのである。

ただの無頼漢にすぎなかったモリナの主人公にある種の思想性を与えたのは、モリエールの『ドン・ジュアン』（一六六五年）である。ここでのドン・ジュアン（ドン・ジョヴァンニ）はいわゆるリベルタン（無神論者）であって、女たらしではあるが、なかなか男気のある人物として描かれている。これは、単なる教訓劇から一歩踏み出した、最初の「ドン・ジョヴァンニもの」だ。ただしモリエールの主人公もまた、モーツァルトのそれに比べると、いかにも軽い。芝居ということもあるだろうが、彼はとにかくよくしゃべる。例えばドン・ジュアンの父親が登場して、神を信じない息子に説教を垂れたりすると、彼はその場では改心を誓ってみせるのだが、父が去るとすぐに、「親父にはああ言っておけばいいのさ」などと召使に嘯《うそぶ》く。父親に頭が上がらず、口先だけは達者なドン・ジョヴァンニなど、モーツァルトでは想像もつかないだろう。こんな主人公の「軽さ」相応に、地獄落ちの場面もごく短くて、モーツァルトのフィナーレの業火《ごうか》を予告するものはどこにもない。モリエールの『ドン・ジュアン』は、地獄に落ちた主人を見た召使の「おいらの給料はどうなるんだよお」というセリフによって、観客に肩透かしを食わせるような終わり方をする。

だが、モリナやモリエールのように文学作品という形で後世に残ったものだけが、「モーツァルト以前のドン・ジョヴァンニ」ではない。ゲーテ以前のファウストがそうであったように、一八世紀までのドン・ジョヴァンニは何より民衆劇（特にコメディア・デラルテ）の人気素材であって、特に人々が楽しみにしていたのは、最後の地獄落ちのスペクタクルだった（モリエールの『ドン・ジュアン』の肩透かしのような終わり方は、ひょっとするとこうした民衆劇の賑々しさと差異づけるためのものだったのかもしれない）。またオペラ・ブッファでもそれは大人気で、一八世紀には相当数のドン・ジョヴァンニ・オペラが作曲されていた。ゲーテはツェルターへの一八一五年四月一七日の手紙の中で、一七八七／八八年のローマ滞在の折に、四週間連続で上演された「モーツァルトのものではない」ドン・ジョヴァンニのオペラに、イタリアの民衆がいかに熱狂していたかを語っている。(2)

モーツァルト以前のドン・ジョヴァンニ・オペラとしては、次のようなものがあった。(3) ジュゼッペ・カレガリ（一七七七年　ヴェネチア初演）、ヴィンチェンツォ・リギーニ（一七七七年　プラハ初演）、ジャコモ・トリット（一七八三年　フィレンツェ初演）、ジョアッキーノ・アルベルティーニ（一七八四年　ヴェネチア初演）、ヴィンチェンツォ・ファブリーツィ（一七八七年　ローマ初演　ゲーテが観たのはこのオペラだったと思われる）。とりわけ重要なのは、一七八七年にヴェネチアの謝肉祭で初演されたジュゼッペ・ガッツァニーガ（一七四三〜一八一八年）という作曲家の《ドン・ジョヴァンニ》で、これはダ・ポンテ／モーツァルトが自分たちの《ドン・ジョヴァンニ》のモデルにしたことで名高い。この作品については後に詳しく見よう。いずれにせよ、モーツァルト以前のドン・ジョヴァンニは、特に深い哲学的含蓄もない、ありふれた民衆芝居のネタであった。

モーツァルト以後のドン・ジョヴァンニ

ドン・ジョヴァンニが形而上学的な存在へと昇華されるのは、何といってもモーツァルト以後のことである。一九世紀に入るとともにドン・ジョヴァンニの民衆劇は姿を消し、代わりに様々な詩人や哲学者がこの色男について論じるようになるのである。モーツァルト以後のドン・ジョヴァンニ（伊）／ドン・ファン（独）／ドン・ジュアン（英仏）解釈の系譜は、まったく壮観である。しかもそのいずれもが、大なり小なり、モーツァルトのそれを念頭に置いて書かれているのである。いささか煩雑にはなるが、一九世紀から二〇世紀にかけての主だったドン・ジョヴァンニ文学／論を列挙してみよう(4)。

ドン・ジョヴァンニ解釈のコペルニクス的転換点は、ドイツ・ロマン派の詩人E・T・A・ホフマンの「ドン・ファン」（一八一三年『カロ風幻想作品集』所収）である(5)。これは清らかなドンナ・アンナの愛によってドン・ジョヴァンニが救済されるという幻想小説であり、冒頭の場面で既にドンナ・アンナとドン・ジョヴァンニの間には肉体関係が生じていて、実はアンナはドン・ジョヴァンニに抗い難く惹かれているという解釈で有名になった。「沸き立つ血が血管を貫流するその源たる永遠に燃える憧憬、これが彼を駆り立てる」とか、「手ひどい幻滅を味わわされたこの世の現象というものに対して身を抗したのである。こうなると、女を享楽するということももはや彼の官能を満足させるものなどではなく、自然と創造主に対する瀆神的な嘲弄なのだ」といった描写からも分かるように、ホフマンの主人公は――ゲーテのファウストやワーグナーのオランダ人のように――永遠の憧憬に身を焦がし絶望するロマン派の芸術家である。

このホフマンのドン・ジョヴァンニ像を発展させたのが、グラッベの悲劇『ドン・ファンとファウスト』（一八二九年）である。(6) これはあたかもゲーテの『ファウスト』（一八〇八年、一八三二年）とモーツァルトの《ドン・ジョヴァンニ》との綜合を目指したような作品であって、ローマを舞台にドン・ジョヴァンニとファウスト博士がドンナ・アンナの魂を奪い合う。ファウストは高峰モンブランの魔法の城へアンナを連れて行くが、本当は彼女はドン・ジョヴァンニを深く愛していて、嫉妬に狂った博士は魔法によって彼女を呪い殺してしまう。自らの所業に絶望した彼は、ドン・ジョヴァンニのところにアンナの死を告げに行き、事切れる。そしてドン・ジョヴァンニもまた、ファウストの召使である騎士（悪魔）によって地獄へ連れて行かれる。このあたりからモーツァルトのオペラは、ゲーテのドラマと並ぶ「世界文学」として認知されるようになったのであろう。

リヒャルト・シュトラウスの交響詩《ドン・ファン》（一八八九年）にインスピレーションを与えたことで知られるレーナウの劇詩『ドン・ファン』（一八四四年）もまた、憧れに身を焦がすドイツ・ロマン派芸術家の分身である。(7) 主人公は色とりどりの美に眩惑され、幾多の女性を遍歴した後、決闘の只中に突如として虚無感に襲われ、相手の剣に自ら身を任せて命を落とす。一九世紀のドン・ジョヴァンニは自殺するのだ。レーナウは『ファウスト』の劇詩も書いていて、ここでも主人公は絶望して自殺を遂げることになっている。この世界苦の詩人にとっては、ドン・ファンもファウストも等しく、幻滅する理念主義者であり、孤独な厭世家である。

一九世紀に最も広く読まれたドン・ジョヴァンニものは、イギリスの詩人バイロンの『ドン・ジュアン』（一八一九～二四年）である。(8) ドラクロワの『ドン・ジュアンの難破』（一八四〇年）のモデルとしても知られる未完のこの壮大な叙事詩は、ヴォルテールの『カンディード』、さらにはホメロスをも想わせる遍歴の物語であって、その主人公は美を希求する純真無垢なスペインの青年貴族。彼は女たらしでもペシミストでもない。だが、ホフマンやグラッベやレーナウの絶望とは無縁であるにしても、「理想を求めて永遠に放浪する」というロマン派的なモチーフは、ここでも生きている。バイロンのドン・ジュアンは、嵐で難破して孤島に流れ着き、奴隷として売られてトルコの後宮に潜入し、ロシアに赴き、さらにはロンドンの社交界に現れる、破天荒な冒険家なのである。

ドン・ジョヴァンニが哲人の相貌を帯びてくるだけでなく、哲学者がドン・ジョヴァンニを語り始めるのも、一九世紀に入ってからのことである。ドン・ジョヴァンニの形而上学として最も名高いのが、キルケゴールの『あれか、これか』（一八四三年）だろう。ここでキルケゴールは、「直接的・エロス的・感性的」な存在としてドン・ジョヴァンニを論じる。「理性（神ないし言葉）によって他律的に自己の存立の証しを立てる必要がない実存的存在」、あるいは砕いていえば、「『そこにいる』だけで理屈抜きですべての人々を魅了し去るような存在」に、哲学的人権を与えたということになるだろうか。このキルケゴールのドン・ジョヴァンニ論は、どことなくニーチェの超人思想を予告しているようにも思え（ニーチェと違って文体は随分まわりくどく歯切れが悪いが）、そして何より、二〇世紀の理性批判の哲学の系譜の先駆として有名である。

二〇世紀のドン・ジョヴァンニ論としては、オルテガの『ドン・ファンの書への手引き』（一九二一年）がよく知られている。[9] 彼が着目するのは、「たかだかセヴィリアの色事師ごときが、近代社会にあって、なぜかくも悪し様に言われ続け、それにもかかわらず、なぜかくも人気者《ヒーロー》であり続けているのか」という点である。これはニーチェ主義や世紀転換期のいわゆる生の哲学の影響が濃厚な論考で、『大衆の反逆』の著者でもあるオルテガは、右の問題を「巨大な存在に対する大衆のルサンチマン」という視点から論じる。ドイツ・ロマン派的な「憧れと幻滅」といった形而上学を退け、ニーチェ的な超人としてドン・ジョヴァンニを解釈した最初の一人が、このオルテガである。

カミュの『シーシュポスの神話』(一九四二年、「ドン・ファンの生き方」)は、オルテガの超人主義をさらに進めたものだ。(10)「あの笑い、勝ち誇った傲慢さ、あの溌剌さと芝居好き、それは明るく悦びにあふれている。健康な人間ならだれでもひとりで何人分もの生を生きようとめざす。ドン・ファンの場合がそうだ」――カミュのドン・ジョヴァンニは笑う。神のご機嫌をうかがいながら、彼岸の世界へ救い出してもらうことばかり考え、結果的に「今」の豊饒を痩せ細らせてしまうような生き方に、ニーチェは自己保身と偽善を見た。同じようにカミュは、永遠を拒否し、「今」のきらめくような生の横溢を味わい尽くす点にこそ、「不条理な人間」ドン・ジョヴァンニの英雄性の源泉を認める。ドン・ジョヴァンニにとっては「死後の生への希望以外は、なにものもむなしくはない」。希望＝未来も愛惜＝過去も、彼は信じない。ドン・ジョヴァンニは「愛惜を拒否する、――愛惜、これは希望のもうひとつの形態だ。かれは肖像画を眺めるすべを知らない」。「[ファウストは]自分の魂を楽しませるすべを知らぬとは、すでにそれだけで、魂を売ることだったのである。飽きるまでむさぼる――そう、ドン・ファンは反対にそう命ずる」。カミュが言わんとするところは、キルケゴールのそれの延長にあるものではあるが、ここで初めてドン・ジョヴァンニ解釈は、その本質にふさわしい輝くブリリアントな文体を獲得したといえるだろう。

他にもバーナード・ショーやブロッホやアドルノなど、著名な作家や思想家によるドン・ジョヴァンニについての考察は枚挙にいとまがないが、日本にも卓越したドン・ジョヴァンニ論を書いた人物がいる。いわゆる「近代の超克」論争でも有名な批評家の河上徹太郎である。(11) 小林秀雄のモーツァルト論が専ら器楽曲に即したものであるのに対して、河上はオペラからモーツァルトに接近する。彼がモーツァルトの《ドン・ジョヴァンニ》の中に見るのは、中世キリスト教の時代以来の官能と精神の葛藤の、奇跡的な克服だ。例えばワーグナー《タンホイザー》のヴェーヌスベルクの音楽においては、精神と官能が幸福に止揚されることなく、「生身の肉が骨から引き裂かれるような怒号に準《なぞら》うべき悲鳴」をあげているとすれば、モーツァルトの《ドン・ジョヴァンニ》では、「混り気のない官能の法悦を歌った音楽は、人を再びヴィーナスの山上の喧騒へ喚《よ》び戻すことなしに、純粋に音楽の非理性的な作用のうちに、秩序ある肉感性の美で包む」。

しかしながら河上によれば、モーツァルトの優美な官能劇は「終始『死』の背景の上に描かれた歌劇」であって、「幕あきに騎士長がドン・ジョヴァンニに殺され、最後にその復讐が完成されてジョヴァンニが死ぬまで、一貫して劇を曳きずってゆくものは、主人公の絢爛《けんらん》たる悖徳《はいとく》であるよりは、死の不可避な招請《しょうせい》、否もっと正確にいえば、死の絶対的な背景の上に端的に現れた、生命力の諸相である」。そして「放蕩」と「死」という二つの観念が、「それぞれ競って互に鋭《と》ぎすまされて行った揚句《あげく》、ドン・ジョヴァンニの『死』という一点で大きく合体して、劇は終る。この『死』と最初の『死』とが照応して、このオペラを包んでいる」。私の知る限り、「死との対決」という視点からドン・ジョヴァンニを論じているのは、この河上の論考だけである。

最後にあと一つ、心温まるドン・ジョヴァンニ劇について触れておこう。フランシス・コッポラ製作（監督はジェレミー・レヴィン）の映画『ドン・ファン』である。これは主としてバイロンの叙事詩を下敷きにしていると思われ、主人公は悪漢でも女たらしでもないし、まして地獄に落ちる殺人犯でもなく、また憂い顔の哲人でもない、汚れ一つない無垢な貴公子である。あらすじは次のようなものだ。冒頭でニューヨークに突如として「現代のドン・ジョヴァンニ」を名乗る青年が現れる。彼を演じているのは、今では『パイレーツ・オブ・カリビアン』のジャック・スパロウとして名高いジョニー・デップ。絶世の美女への叶わぬ恋に絶望した彼は、高層ビルから投身自殺を図るが、結局警察の説得に応じて投降し、精神病院に収容される（彼を担当するうだつのあがらない医師を演じるのがマーロン・ブランドである）。このあたりは一九世紀の「憂愁のドン・ジョヴァンニ」のパロディーだろうか。調査によればどうやらこの「患者」は、ドン・ジョヴァンニの末裔でも何でもなく、本当はクイーンズ地区のメキシコ系クリーニング屋の息子らしい。しかし問診のたびに彼は荒唐無稽な恋の遍歴を滔々と語り、次第に周囲の人間には彼の物語が本当のことに思え始め、やがて誰もが甘酸っぱい幸福感に包まれ始める。これはメルヘンのように透明な、心優しいドン・ジョヴァンニの物語である。

一八世紀に大人気を博し、至るところで上演されていたドン・ジョヴァンニの民衆劇について、ヴェネチアの高名なコメディア・デラルテの作家カルロ・ゴルドーニは、「あのひどいスペインの芝居」と回想録の中で呼び、「イタリアでいつも恥ずかしい思いでそれを見ながら、どうしてこの茶番劇がこんなに長い間人気があるのか、さっぱりわからなかった」と述べている。[12] それにひきかえ、一九世紀以後のドン・ジョヴァンニ受容の系譜の、何という豪華さ！　近代において、一体なぜ、このセヴィリアの色男はゲーテのファウストと並ぶヨーロッパ精神史の巨人となったのか？

これはあくまで仮説であるが、神がいた時代にあって人間は、世界のすべてを知ってはならなかったし、また知る必要もなかった。世界のすべてを知らずとも、そこには「神がいる限り万物には何らかの意味があるに違いない」という、世界に対する絶対の信頼があったはずだ。虚無感や無意味といった実存の不安は、人間が神を信じられなくなってしまったからこそ人々の意識に上ってきた、きわめて近代的な現象である。まさにそんな時代への入り口において創られたのが、モーツァルトのドン・ジョヴァンニでありゲーテのファウストであった。おそらくこの二人を突き動かしていたのは、神に代わって世界のすべてを知り尽くし、味わい尽くそうとする途方もない衝動であり、その暗い裏面が、神のいない世界に放り出される実存の不安ではなかったか。

グラッベの『ドン・ファンとファウスト』は「お前［＝ドン・ファン］をファウストの隣に鎖でつないでやろう――二人とも同じ目的を追い求め、しかし別の馬車を駆っていたのだ！」という悪魔のセリフで終わる。ファウストは知を通して、ドン・ジョヴァンニはエロスを通して、世界のすべてを知り、それを征服しようとして、結局は地獄に落ちたのであった。

序曲――奇怪なセレナーデ

既に述べたように、《ドン・ジョヴァンニ》作曲にあたって台本作者ダ・ポンテとモーツアルトは、一七八七年二月にヴェネチアの謝肉祭で初演されたガッツァニーガの作品をモデルにしていた。面白いことにダ・ポンテ／モーツァルトは、筋の骨格はほぼそのままガッツァニーガのものを踏襲している。キャスティングにしても、ガッツァニーガのドン・ジョヴァンニはバリトンではなく、テノールによって歌われるという違いがある程度だ。

ガッツァニーガの《ドン・ジョヴァンニ》は、モーツァルトのものから第一幕フィナーレ（晩餐の場面）および第二幕前半（ガッツァニーガ作品の後半は墓場の場面から始まる）を取り除いたものだと思えばいい。殺人の場面によるドラマの開始、昔捨てた女エルヴィーラに出くわし大慌てで逃げて行く主人公、続く召使のカタログのアリア、農民のカップルの婚礼（以上第一幕）、墓場でふざけて石像を夕食に招待する場面、主人公の晩餐に現れる石像と地獄落ち、最後の「悪事の果てはこの通り」のハッピーエンド（以上第二幕）という、ドラマの核になる場面は、すべてガッツァニーガの台本を流用しているのである。

音楽についていえば、ガッツァニーガ作品は終始耳元を心地よく流れていく優美なセレナーデといった風情であって、大傑作とは呼べないにしろ、ロココ的優雅さにあふれるなかなかの佳作だ。例えば序曲にしても、いかにもシャンデリア輝く大広間で奏でられるにふさわしい、とても優美な音楽である。モーツァルトの《ドン・ジョヴァンニ》序曲の悲劇性になじんでしまっていると、これはいかにも軽佻浮薄な出来合いの音楽と聴こえてしまうかもしれない。しかし「軽やかなセレナーデ風の調子」というのは、実はこのドラマの内容にぴったり合っている。そもそも夜の庭園の優美な愛のささやき以上に、ドン・ジョヴァンニ劇にふさわしい響きがあるだろうか。

セレナーデが花咲いたのは、一八世紀後半のアンシャン・レジームの時代。最盛期はわずか五〇年足らずしかなかった短命の音楽ジャンルである。セレナーデの基調を成すのは、《アイネ・クライネ・ナハトムジーク》などでおなじみの、流麗な弦楽器の旋律だ。こうした快活なメロディーは、一八世紀においては、「歌うアレグロ」といわれていた。この弦楽合奏にホルンを加えた程度の小規模な楽曲は、一般にディヴェルティメントと呼ばれる。それに対してセレナーデでは、木管や金管が加わることになり（木管のみのセレナーデもあるが）、概して楽章数も多い。舞踏会の入退場を連想させる堂々たる行進曲、輝かしいファンファーレ、田園劇を想わせるひなびた緩徐楽章、ホルンを主役にする狩りの音楽、端正なメヌエット、浮き立つロンドなどが、次から次へと瀟洒な音の祝宴に供されるのである。ただし、セレナーデとディヴェルティメントとカッサシオンなどの間に、そんなに厳格な区別があったわけではない。アインシュタインがいうように、モーツァルトの時代には室内楽と交響曲、劇音楽と演奏会音楽、演奏会音楽と宮廷音楽と庭園音楽の間に明瞭な区分はなかった。(13) 一八世紀後半の音楽は、オペラの序曲も協奏曲も弦楽合奏もヴァイオリン・ソナタも、おしなべてこうした「セレナーデ的な響き」に満たされていたのである。

一方に絶対王政時代のバロック組曲のいかめしさ。他方に一九世紀市民社会の交響曲の教養主義。その谷間に咲いた可憐な花が、セレナーデである。その美学は、幸福な夢想であり、少しメランコリックな微笑であり、人懐っこい快活であり、ほのかな官能であり、そして貴族的なたたずまいだ。メイナード・ソロモンによれば、セレナーデの本質は「絶え間ない変転」と「無垢の理想主義から豊富に流れ出す泉の持つ潤沢さのイメージ」にある。(14)「この世を愛する気持ちを乗せたその音楽は、悲しみではなく憧れに満ちた若々しい音楽で、汚れないユートピア思想や、完成、美、官能の充足といったものに対する信頼、などに染め上げられた」ものであって、「それは憧れと成就、不安と満足を一つに融合させた音楽」なのである。(15)

舞踏会、宴遊、結婚式、花火大会、サロンのお茶会、狩猟など、アンシャン・レジームの貴族たちの暮らしは、絶えずこうした音楽によって伴奏されていた。シャンデリア輝く宮殿の広間で鳴り響く壮麗な交響曲やピアノ協奏曲も、花火が打ち上げられ噴水がきらめく夜の庭園で遠くから近づいてくる木管合奏も、あるいは銀細工の装飾をほどこされた象牙のティー・テーブルの脇で奏でられるディヴェルティメントやヴァイオリン・ソナタも、これから幕が開こうとしている宮殿のオペラ劇場で客席のざわめきと交じり合う序曲（シンフォニア）もすべて、こうしたセレナーデ的な響きで満たされていた。つまりセレナーデ風のガッツァニーガの序曲は、ドン・ジョヴァンニもまたその一人であったところの、アンシャン・レジームの貴族たちのサウンドスケープそのものなのである。

ガッツァニーガの序曲は決して、ドラマの内容とは何の関係もない、耳あたりがよいだけの内容空疎な音楽ではない――このことを知って初めて、モーツァルトの序曲の異様さが真に理解できる。これはガッツァニーガのようなオペラに慣れていた当時の人々の常識を粉砕するような、途轍もなく激越な音楽だったはずであり、敢えて形容するなら、「デフォルメされた奇怪なセレナーデ」ともいうべきものなのである。

そもそも冒頭のニ短調の轟音からして、「陽気な芝居（dramma giocoso）」とされたオペラの序曲としては、あまりにも異様な始まりである。音程を正確に保つという点ではかなり不安定で、とりわけ音量を大きくするとピッチが狂いやすかった当時の楽器を使って、金管やティンパニを含む全オーケストラが、目一杯のフォルティッシモを鳴らす。しかも長調と比べて響きが濁りやすい短調の和音だ。恐らくそれは、現代楽器で演奏したときのような、すぐそれと分かる短三和音ではなくて、耳を聾《ろう》する割れた大音響のように響いたのではないか。これは一八世紀におけるクラスターであって、当時の聴衆にはそれは、例えば近現代の聴衆にとってのマーラーの第六交響曲（フィナーレで打ち鳴らされるハンマー）やベルクの《管弦楽のための三つの小品》（作品６）のような響きに聴こえたに違いない。

それに続く、あてどもなく上へ下へとさまよい続ける音階の連続についても、思わず二〇世紀音楽を持ち出したくなる。私の耳にはそれは、一九世紀を飛び越えて、ほとんど無調の概念を先取りしているように聴こえるのだ。色々と和声記号をつけて調性の枠の中で整理することは、理論的には可能だろう。だが、どこに行くのか皆目見当もつかない大海原に放り出された、船酔いのようなこの感覚は、どれだけ遠くまで彷徨しても常に中心が見えている調性音楽の安心感を、根底から否定してはいないだろうか。

実際モーツァルトはしばしば、実質的にほとんど調性感が飛んでしまっているような音楽を書く。ピアノのための《幻想曲》ハ短調（KV.475）の冒頭などがそれだ。ワーグナーの《トリスタンとイゾルデ》では、確かに中心音（主音）は現れないが、どの方向へ音楽が引っ張られているかはおよそ分かる。音楽が中心へと回収される瞬間を先送りすることで、逆に調性の吸引力を強化しているとすら言えるだろう。それに対して《ドン・ジョヴァンニ》序曲では、中心がどこにあるのかまったく分からない時間がしばらく続くのである。近づいてくる騎士長（あるいは死）の足音をあらわす厳かな付点リズムも尋常ではない。このモチーフは序奏を通してほとんど絶え間なく刻み続けられるが、同じリズム音型をこれだけ執拗に繰り返す一八世紀の例を、他に私は知らない。上下にさまよう音階が無調の予告だとすれば、これはストラヴィンスキーがしばしば用いたリズム・オスティナートの技法を連想させずにはおかない。一八世紀や一九世紀の音楽における動機は、自然な人間の感情変化に対応するように、もっと抑揚を変化させたり、あるいは対照的なアイデアをはさんだりする。それに対してこの低音のモチーフは、メロディーがどう変化しようがお構いなしに、ひたすら一つの固定観念を反復し続ける。

モーツァルトがここで表現しようとしているのは、中心を喪失してバランスを狂わせ、柱がぐらぐらと揺れ、今にも崩れ落ちようとしている世界の軋《きし》みである(16)。古代ギリシャ以来、音楽は世界の調和を象徴する芸術であったとすれば、もはや調和していない不協和音としての世界を音楽芸術が表象するようになるのは、二〇世紀に入ってからのことである。そんな「壊れた世界像」を、一九一〇年前後のシェーンベルクやストラヴィンスキーのはるか一三〇年前に、モーツァルトは先取りしていた。

もちろん序奏に続く長調のアレグロ主部では、あたかも何事もなかったかのように、モーツァルトは優美なセレナーデを奏でる。調性はセレナーデやディヴェルティメントで頻出する二長調。「《音楽の冗談》で世界秩序を毀損したのち、モーツァルトは《アイネ・クライネ・ナハトムジーク》で再び秩序を回復する」と言ったのはアインシュタインだが[17]、ここでもまた、序奏における世界の割れ目にはひとまず美しい覆いがかけられるのだ。

だが同じセレナーデ風の序曲といっても、ガッツァニーガとモーツァルトでは、その意味合いがまったく異なっている。ガッツァニーガにおいてはセレナーデ風の響きは、序曲の基調であるだけでなく、ドラマ全体の「地」である。その優美な響きが、ドラマの進行に応じて時として翳ることはあっても（例えば騎士長殺害の場面）、最初から終わりまで絶えず保たれているのである。対するにモーツァルトにおける「地」は、序曲冒頭で示される地獄絵のごとき短調である。河上徹太郎の言葉をもう一度引用すれば、モーツァルトの《ドン・ジョヴァンニ》は「終始『死』の背景の上に描かれた歌劇」であり、ドラマの最後における主人公の死と、序曲冒頭における騎士長の死とが「照応して、このオペラを包んでいる」。つまり「死」というドラマの「地」から、アレグロの快活なセレナーデの響きが「図」として浮き出てくるのである。

それにしてもこの「陽気な芝居《ドラマ・ジョコーソ》」で繰り広げられるのは、何とも暗く殺伐とした世界ではある。幕が開くとそこに見えるのは、何やらぶつぶつ主人への文句を言っている召使。やがて金切り声をあげて助けを求める若い女性と仮面の無頼漢が現れ、その物音に目を覚ました女性の父（騎士長）と決闘となり、騎士長は殺される。これらすべてが、人の顔も定かに見分けのつかない闇の中を蠢いているのだ。序曲から休みなく流れ込むこの第一場は、音楽もまた異様に暗い。ハ短調、イ短調、ニ短調など、モーツァルトが「尋常ではない曲」を書くときの調性のオンパレードである。

しかも《ドン・ジョヴァンニ》の短調は、いうまでもないが、ベートーヴェンのように光によって克服される闇の表象ではない。序曲ではあれだけ精力が漲っていた音楽は、そのまま第一場に流れ込み、決闘の場面でクライマックスに達した後、次第に張りを失い気息奄々《きそくえんえん》となって、騎士長が事切れるとともに、またもや完全終止することなく、直接レチタティーヴォへ流れ込む。そこで声を潜めてかわされるのは、次のような会話である。

ドン・ジョヴァンニ「レポレロ、どこだ？」
レポレロ「有難くないことにここでさあ。でも旦那はどこにいるんで？」
ドン・ジョヴァンニ「ここさ」
レポレロ「死んだのはどちらですかい？　旦那が死んだのか、それとも老いぼれか？」
ドン・ジョヴァンニ「分かりきったことを聞くな！　おいぼれに決まってるだろうが」
レポレロ「ブラヴォー！　これぞ鴨葱！　父親を殺して娘は手籠め」
ドン・ジョヴァンニ「あいつが望むからしてやったまでさ。悪いのはあいつだ」
レポレロ「でもドンナ・アンナが望んだわけではありますまい？」
ドン・ジョヴァンニ「うるさい！　ガタガタ言うな。何かされたくなかったら一緒に来い！」

レポレロ「何もされたくないですよ、旦那、もう何もしゃべりません」

殺人者になってしまったドン・ジョヴァンニは、騎士長の亡骸を前にして、内心の動揺と傲岸な開き直りが入り混じった、背筋が寒くなるような憎まれ口をたたく。そしてレポレロの「旦那、もう何もしゃべりません」と、その後のチェンバロの「シャンシャン」のカデンツとともに、音楽はようやく完全終止する。序曲からの途方もなく大きな音楽の流れが、ここに至って初めて一区切りつけられるのだ。

かくして、オペラという「歌われる」世界のオーラが完全に消滅し、乾いた散文（レチタティーヴォ・セッコ）という現実が裸でむき出しになった地点で、ドラマの最初の場面は終わる。寒々しいこの「ディス＝イリュージョン（幻滅＝幻影の崩壊）」は、ドン・ジョヴァンニのドラマを貫く力学の一つである。

舞踏会のポリフォニー

「愛の共同体」という視点から見たとき、《後宮》がその「建設」であり、《フィガロ》が「再建」であったとすれば、《ドン・ジョヴァンニ》はその「崩壊」である。《後宮》では嫉妬は杞憂に終わった。《フィガロ》では、亀裂が入りかけた男女の仲は、かろうじて修復される。それに対して《ドン・ジョヴァンニ》を特徴づけるのは、人間関係の寒々とした希薄さだ。それどころか、ここには最初から共同体など存在していないのかもしれない。《フィガロ》の登場人物たちは、お互い少し揉めることはあっても、一つ屋根の下に住む大家族だった。だが《ドン・ジョヴァンニ》にこうした「大きな」家族はない。ドンナ・アンナに母はなく、父は殺され、婚約者ドン・オッターヴィオとの間にも何やら隙間風が吹いている。また同じ召使であっても、フィガロと違ってレポレロには、パートナー（許婚）がいない。そしてエルヴィーラも独り身だ。かろうじてここでは、農夫マゼットとその許婚ツェルリーナの間に、未来の「小さな」家族の芽生えがあるだけなのである。だが彼らにしても、ツェルリーナはすぐにドン・ジョヴァンニの誘いにのろうとするし、マゼットの激しい嫉妬を見ても、彼女の浮気は今に始まったこととは思えず、彼らは決してフィガロとスザンナのような仲睦まじいカップルとはいえまい。

もしドン・ジョヴァンニがいなかったとすれば、これらの人々の間には何の接点もなかっただろう。この人間関係のよそよそしさこそ、《ドン・ジョヴァンニ》を《フィガロ》から決定的に区別するものである。

この薄ら寒い世界を、たとえ一瞬であっても燦然と輝かせるのが、ドン・ジョヴァンニである。有名なシャンパン・アリア、第一幕フィナーレで純白の衣装に着替えた主人公が皆をもてなすために舞台に姿を現すところ、そして一度舞台奥に消えたドン・ジョヴァンニが再び現れて、皆にコーヒーやココアやシャーベットをふるまうところ、そして第二幕フィナーレの夕食の場面。彼が登場すると途端に、舞台が何千本もの蠟燭で照らされるがごとく、典雅なセレナーデ風の音楽が響き、官能的な空気が漂い始める。ドン・ジョヴァンニは、ゲーテが死の床で口にしたといわれる「もっと光を！」とはまったく違う意味での光、官能の館の大広間でゆらめくシャンデリアなのだ。

しかも彼は、世界を「照らす」だけでなく、本来出会うはずがなかった人々を「結びつける」。希薄な人間関係の中にかろうじて共同体を作るのである。誇り高い貴婦人ドンナ・エルヴィーラ、ブルジョワ的な堅実で清く正しい男女であるドン・オッターヴィオとドンナ・アンナ、そしてマゼットとツェルリーナという農民のカップル。身分の違いや社会的制約にはお構いなしに、ドン・ジョヴァンニが片っ端から女性に手をつけることでもって初めて、彼らの間には関係が生じたのだ。「楽しんでくれるなら、楽しませてくれるなら、相手は誰でもいい」という官能の無限抱擁によるかりそめの調和の中心、それがドン・ジョヴァンニに他ならない。

ひび割れた瓦解寸前の世界が、かろうじてドン・ジョヴァンニの華麗な音楽によって一つにつなぎとめられている——このことを端的に理解できるのが、第一幕フィナーレの舞踏会の場面である。大晩餐会に主人公はあらゆる人々を招く。そこには、彼が目をつけているツェルリーナおよびその婚約者マゼットら、農民たちも含まれる。ドン・ジョヴァンニこそ父を殺した犯人であることを知ったドンナ・アンナ、彼女の許婚ドン・オッターヴィオ、かつてドン・ジョヴァンニに棄てられたドンナ・エルヴィーラの三人も、ドン・ジョヴァンニを追い詰めるための決定的証拠をつかむべく、ドン・ジョヴァンニの招待に応じて、仮面をつけて正体を隠しつつ舞踏会に参加する。皆が楽しげに踊る中、ドン・ジョヴァンニは召使レポレロに、マゼットの踊りの相手をするようささやく。こうしてマゼットを身動きできないようにしておいて、その隙に自分はツェルリーナを誘惑しようという魂胆である。

この踊りの場面にモーツァルトは、驚愕するほかないような音楽を書いた。ここではボックスのオーケストラは終始ほぼ黙していて、専ら舞台上に配置された三つの楽団が伴奏をつとめるのだが、何と彼らは、拍子も違えば楽想も関係ない三つの舞曲を、同時に奏でる。第一の楽団は最初に踊り始めるドンナ・アンナとオッターヴィオのためにメヌエット（四分の三拍子）を、第二の楽団はドン・ジョヴァンニとツェルリーナのためにコントルダンス（四分の二拍子）を、そして第三の楽団は男同士の「カップル」であるレポレロとマゼットのためにドイツ舞曲（八分の三拍子）を。

これは、別のチャンネルに合わせた三つのラジオから、互いに無関係な三つの音楽が一緒に聴こえてくるようなものだといえばいいだろうか。あるいは大規模なＣＤショップの広いフロアで、各コーナーから――ベートーヴェンと流行のポップスと懐メロといった具合に――異質なジャンルの試聴盤が何の脈絡もなく同時に響いてくるありさまを想像してもいいだろう。録音だとどうしても一番目立つメヌエットばかりが聴こえてしまうが、モーツァルトが意図しているのは、破綻と調和が同居した一種の美しき騒音状態である。

さらに注目すべきは、社会的文脈という意味でも、この三つの踊りが互いに極めて異質である点だ(18)。喩えていうならこれは、日舞と社交ダンスと盆踊りが同じ場所で繰り広げられているようなものであり、異様な意味論的コラージュが作り出されているのである。

まずメヌエットについていえば、それはバロック時代を代表する舞踏であり、踊るのが難しいので有名であった。同じ三拍子でも、一九世紀に生まれたワルツの場合、市民社会の時代にふさわしく、踊り手は気分のおもむくままに自由な感情表現ができる。しかも誰が誰と踊ってもいい。しかしメヌエットのステップは、まるで幾何学のように複雑に規則化されていて、そこには感情表出の余地などほとんどない。その全盛期はおよそ一六五〇年から一七五〇年あたりまで。オペラ・セリアがそうであったように、モーツァルトの時代のメヌエットは、既に斜陽にさしかかっていた宮廷社会の儀礼性の音楽的象徴であった。いみじくもここでそれを踊るのは、ドン・オッターヴィオとドンナ・アンナという貴族のカップルである。

対するにドン・ジョヴァンニとツェルリーナが踊るコントルダンスは、一八世紀後半においてメヌエットを駆逐する勢いで大流行した舞踏である。これは誰もが気楽に踊れるダンスであって、メヌエットの習得に数ヵ月から数年かかるとすれば、コントルダンスは数時間のレッスンでもステップくらいはマスターできるといわれる。次々にパートナーを取り替えながら踊るのもコントルダンスの特徴で、要するにそれは「身分や規則にこだわらず踊れるダンス」だったと思えばいい。有名な舞踏史を書いたクルト・ザックスによれば、一八世紀後半におけるコントルダンスの勃興は「五百年以上にわたる宮廷社交秩序の内容であり生の形式として存在していた、あの宮廷儀礼 Cortesia の終焉」であり、また「市民社会の興隆および宮廷文化の没落と同義であった」。貴族のドン・ジョヴァンニと農民娘のツェルリーナがここでコントルダンスを踊るのは、踊りの愉悦を通した「身分の垣根のない社会」の予感であろう。

メヌエットが宮殿の正式の儀礼、コントルダンスがギャラントな自由人たちが集う田園の奏楽だとすれば、レポレロとマゼットが踊るドイツ舞曲はチロルあたりの農民舞踏である。別名レントラー（田舎風）と呼ばれることからも分かるように、それが表象するのは民衆世界だ。このドイツ舞曲（レントラー）は後にワルツへと発展していくが、一八世紀においては、もちろんヨーゼフ・ランナーやヨハン・シュトラウス一世の甘美な洗練はまだない。《ドン・ジョヴァンニ》でそれを踊るのは、野暮ったい男同士のカップルである。

一見したところ《ドン・ジョヴァンニ》のこの舞踏会は、《フィガロの結婚》第三幕のフィナーレととてもよく似ている。そこでも農民たちが招待されて、領主であるアルマヴィーヴァ伯爵の命令により、フィガロとスザンナの結婚を祝う豪勢な式典が催された。そしてメヌエットに似たファンダンゴが踊られる中、こともあろうにスザンナはこっそり、今晩の逢引を約束する手紙を伯爵に手渡す。ツェルリーナがドン・ジョヴァンニに誘惑されるのと同じように、人々が楽しげに歌いさんざめく宴の背後で、恋のたくらみが蠢《うごめ》くのだ。

だが舞踏会の調和は、《フィガロ》では決壊しない。伯爵が手紙を読んでいるところを見たフィガロは、それが自分の許婚からのものとはつゆ知らず、「誰かが伯爵に恋文を渡したな」などと無邪気に笑っている。伯爵もまた、たとえ腹の中では今夜のスザンナとの逢引のことを考えているにしても、仲睦まじく伯爵夫人と並んで舞踏会を見守り、新郎新婦を祝福してやる。それに何といっても、ここでは三種類の無関係な舞踏が同時に踊られたりはしない。一つのリズムが全体を支配し、最後には皆が声を合わせて、「貞節な恋人たち、名誉を尊ぶ者たちよ、賢明なお殿様を称えましょう」と高らかに歌う。世界はまだ複数に分裂してはいないのだ。

《ドン・ジョヴァンニ》ではこうはいかない。同時に鳴り響く三種類の踊りは、確かにまだ薄氷を踏むようなぎりぎりの均衡を保ってはいる。しかし人々はもはや、《フィガロ》のように同じ一つのステップを踏み、声を一つに合わせることはない。同じ屋敷に招かれながら、彼らは互いに無関心に別々の踊りを楽しんでいるのだ。中心が一つしかない世界はもはや壊れている。既に述べたように、ここで意図されているのは恐らくカオスの表現であって、ほとんど二〇世紀音楽におけるコラージュ技法の予告だといってもいい。

例えばストラヴィンスキー《ペトルーシュカ》（一九一一年）の第一場では、のみの市でアコーディオンやらトランペットが互いに無関係に入り乱れて鳴り響く様子が描かれている。二〇世紀後半においてこうした技法は、とりわけルチアーノ・ベリオが頻繁に用いた。この種の混沌の表現はマーラーにもよく見られるが、彼については次のようなエピソードが残っている。親友だったナターリエ・バウアー＝レヒナーの回想である。(19)「私たちが次の日曜日にマーラーとその同じ道を歩いていると、クロイツベルクでお祭りをやっていて、もっとひどいどんちゃん騒ぎが始まった。そこではメリーゴーランドやブランコ、射的、道化芝居の音楽のほか、軍楽隊や男声合唱団も陣取っていたから、同じ森の野原で互いに好き勝手に鳴っていたそれらの音楽は、とんでもない奏楽となって響いてきた。そこでマーラーは大声で言った。『聴いてみろよ！　これがポリフォニーだ！　僕はこうしたところからポリフォニーを手に入れているのさ！』」もちろんモーツァルトのカオスは、いわゆる「現代音楽」と違って、まだたとえようもなく美しい。だが、表層の美に幻惑されて深層の闇を聴き逃さないことが、《ドン・ジョヴァンニ》理解のための鉄則だろう。この舞踏会の音楽には、マーラーが体験したのと同じ「世界分裂のポリフォニー」が刻印されているといっても誇張にはならないはずである。

貴族と自由人《リベルタン》と農民――ここでは三つの舞踏が象徴する三つの社会層が、完全なカオスに転落してしまう寸前の、かりそめの調和を見せかけている。だがカオスと背中合わせのこの稀有の均衡は、長くは続かない。やがて舞台裏から「助けて！　騙された！」というツェルリーナの悲鳴が聞こえてきて、舞踏会は中断される。美の表皮は砕け飛んでしまう。フランス革命までもう二年足らず。ここには、一つの世界が崩落する瞬間が既に幻視されていると、私には思える。

ヒーローの没落

モーツァルトの《ドン・ジョヴァンニ》は、主人公に象徴される旧体制の没落の物語である。それを端的に示しているのが、ガッツァニーガの台本を流用するに際してモーツァルトとダ・ポンテが行なった、いくつかの変更だ。ダ・ポンテ／モーツァルトがガッツァニーガの台本をほとんどそのまま使っていることは既に述べたが、変更箇所についての彼らの意図は、およそ次の二点にまとめられるだろう。

①ドン・ジョヴァンニに父親を殺されたドンナ・アンナは、ガッツァニーガ作品ではその後まったく登場しない。ドンナ・アンナこそ主人公の真のパートナーだとするE・T・A・ホフマン以後のドン・ジョヴァンニ解釈とは対照的に、ガッツァニーガでは彼女は端役である。そして彼女がその後まったく舞台に現れないが故に、ドン・ジョヴァンニは彼女の父の殺人者として追及されることもない。かつて棄てた女エルヴィーラからは追い回されるにしても、相も変わらず彼は、安閑《あんかん》として女遊びにうつつを抜かし続けることが出来る。対するにモーツァルト作品では、ドンナ・アンナ（および婚約者ドン・オッターヴィオおよびドン

ナ・エルヴィーラ）が執拗に主人公を追い詰めることで、今や貴公子ドン・ジョヴァンニが犯罪者に堕ちたことが、鮮烈に観客に印象づけられることになる。

②ガッツァニーガの主人公は、「天下のドン・ジョヴァンニ」としては今ひとつ冴えない成果かもしれないが、それでも何とかマトゥリーナという女性をものにする。だがダ・ポンテとモーツァルトは、このマトゥリーナをカットしてしまった。つまりモーツァルトのドン・ジョヴァンニは、オペラの中ではただの一人の女性も陥落させることができないのだ！のっけから彼は失敗続きである。ドンナ・アンナには抵抗され、「魅惑的な女性だな」と思って口説こうとすると、それはかつて棄てたドンナ・エルヴィーラであるし、ツェルリーナにしても、あと一歩のところでいつも邪魔が入る。つまりモーツァルトは《ドン・ジョヴァンニ》を、主人公が失敗ばかりする日の物語として仕立てたのである。

絶えず追跡され、何をやってもうまくいかなくなってしまうドン・ジョヴァンニ。まぶしく輝く主人公は犯罪者であることが露見し、百発百中だった手練手管は通用せず、ついには道化師と見紛うばかりの負のスパイラルに陥り、最後には地獄に落ちていく。この「ドン・ジョヴァンニの没落」は、第二幕が始まるとほどなく、端的に印象づけられるはずである。ドン・ジョヴァンニは昔の女ドンナ・エルヴィーラの侍女に目をつける。何とかエルヴィーラを追い払わなければいけない。ドン・ジョヴァンニが考えつくのは変装だ。何と彼は召使レポレロと服をとりかえ、エルヴィーラの家の窓の下で、自分の衣装を着せた召使にいわゆる「ロパク」で演技をさせながら、いかに彼女を愛しているか、いかに彼女を棄てたことを後悔しているか、切々と物陰から歌い上げる。すっかりそれを真に受けたエルヴィーラは、心を動かされ外に出てくる。そしてドン・ジョヴァンニは、自分に化けたレポレロにエルヴィーラの相手をさせ、どこかへ連れて行かせてしまう。こうやって邪魔者を追い払っておいてから彼が歌うのが、有名な「ドン・ジョヴァンニのセレナーデ」である。

第一幕フィナーレの舞踏会が、《フィガロ》第三幕のそれの延長線上にあるものだったのと同じく、この場面もまた、いつかどこかで見た光景の変奏である。つまり《フィガロ》で伯爵夫人とスザンナが衣装を取り替えて伯爵に一泡吹かせたのと同じように、ここではドン・ジョヴァンニと召使が入れ替わって、エルヴィーラがからかわれるのである。しかし《フィガロ》の素朴な恋愛喜劇と比べて、これは何と心が痛むブラックユーモアだろうか。コケットで魅力的な女性二人がちょっと助平なお殿様をからかうのと、悪党二人が高貴な婦人の気持ちを散々にもてあそぶのとでは、わけが違う。「おまえを棄てて本当に悪かった、心から悔いている、嘘だと思うなら俺を殺せ！」と甘い声で歌うドン・ジョヴァンニの懺悔の演技（実は歌うのがドン・ジョヴァンニで、演じるのは召使なのだが）を、エルヴィーラは真に受けてしまう。それを見た男二人は、物陰で腹を抱えて大笑いするのだ。もはやそれはサディズムであり、ここで無邪気に笑ったりするのはよほど愚鈍な観客だけだろう。

第二幕に入ると、音楽もまた第一幕の輝きを失い、意気阻喪し始めるように聴こえる。とりわけ印象的なのは六重唱、つまりドン・ジョヴァンニに変装したレポレロがドン・オッターヴィオらに捕まって、許しを請う場面である。まず、憔悴しきっているドンナ・アンナがオッターヴィオに伴われて舞台に現れると、一瞬だがトランペットとティンパニが微かに鳴り響く。《ドン・ジョヴァンニ》ではこの二つの楽器は、序曲と両幕のフィナーレを除けば、ほとんど使われない。しかもトランペットもティンパニも、オペラ・ブッファで用いられる場合は、フォルテで芝居を陽気に盛り立てるために使われるのが慣例であるのに対して、これは弱音というひどく例外的な用法だ。そのためにこの箇所は、まるでオペラ・ブッファの中にミサ曲が混じりこんだかのように、非常に印象的に響くことになる。もはや地上から魂が離脱しているような気配が漂うのである。

だが何よりこの六重唱を一種異様なものにしているのは、この厳粛な楽想に続くレポレロが捕まる場面である。ブッファ的な快活さは微塵もない。これは不吉な半音階で下降する動機が執拗に繰り返される、グロテスクで哀れっぽいお通夜のような音楽だ。しかも舞台の上ではきらびやかなドン・ジョヴァンニの服を着たレポレロが、泣きべそをかいて皆に許しを請うている。

音楽が短調から長調に転じ、レポレロが早口で言い訳をまくしたてながら、隙をついて逃げ出す場面に至って、この六重唱はさらに奇怪さを増す。ここで突如として闖入してくるのは、ドンナ・アンナの荘厳な悲痛も、先程のレポレロの泣きべそもなかったかのような、まったくオペラ・ブッファのドタバタ音楽なのである。それは先行する意気消沈した気分とあまりにも隔たっていて、この分裂的な調子の変化についていくことは容易ではない。宗教音楽の神々しさ、気が滅入るような不吉さ、そしてブッファのドタバタが、ここでは互いに何のつながりもなく、ただ放置されている。ここに至って《ドン・ジョヴァンニ》の世界は、ほとんど精神分裂的な様相を呈し始めるのである。

荒涼とした「祭りの後」の気配が漂う第二幕にあっては、第一幕でドン・ジョヴァンニのプレゼンスを深く印象づけていた、あの輝くようなセレナーデの響きは、ほとんど現れない。これもまた第二幕の気分を陰鬱なものにしている。この幕でセレナーデ風の音楽が響くのは、唯一フィナーレの晩餐の場面だけである。だが第一幕の舞踏会では大勢の客人が招かれたのに対して、これは主人と召使の二人だけのうら寂しい夕食だ。主人公の相も変わらぬ精力的な健啖にもかかわらず、もはや彼の周囲には誰もいない（ここには合唱がない）。舞台上の楽士たちが奏でる華麗な木管セレナーデの響きは、一人の招待客もいない舞台との間に異化のポリフォニーを作り出すだろう。しかもそこにまたしてもエルヴィーラがやってきて、「あなた、お願いだから心を改めて！」などと言い出すものだから、ドン・ジョヴァンニのお楽しみは台無しである。

ドン・ジョヴァンニが再び英雄になるのは、最後の死との対決においてである。絶望したエルヴィーラが去った後、冒頭で殺された騎士長の石像がやってくる。彼はドン・ジョヴァンニの手を取り、今までの生き方を悔い改めるよう迫る。だが主人公は断固それを拒否し、地獄に落ちていく。聴く者を震撼させずにはおかないこの地獄落ちについては、それを形容する言葉など容易には見つからないだろう。これは文字通り「あらゆる表現を絶した」音楽である。

この場面で大切なのは、「デモーニッシュなモーツァルト」についてあれこれつたない言葉を弄することではなく、この地獄落ちが単なる「天罰」ではないという点を確認しておくことだ。それはなぜかといえば、ここで石像は四度にわたって、「これまでの生き方を悔い改めるか？」と主人公に尋ねているからである。つまりドン・ジョヴァンニには、改心して許される可能性が、まだ残されているのである！　これはモーツァルト以前のドン・ジョヴァンニ劇と比べたときの、看過することのできない大きな相違点だ。モリエールやガッツァニーガの主人公は、石像によって問答無用で地獄へ引きずっていかれた。だがモーツァルトにおける地獄落ちは、雷鳴のように主人公を襲う「神の意志」ではない。人がそれを甘受する以外にない「運命」ではない。どういう道を選ぶかは、ドン・ジョヴァンニ自身に委ねられている。過去を悔いることによって、明日を生き延びる道は、まだ残されているのである。しかしドン・ジョヴァンニは、まさに自分自身の意志によって、こうした延命措置を拒絶する。かくして彼は、四度の問いかけに対して、「いやだ！」を何度となく繰り返しながら、地獄に落ちていく。クライマックスのあの凄まじい音楽は、神学的な業火の恐怖などではなく、神と対峙することを恐れぬドン・ジョヴァンニの巨人的な意志として解釈されるべきだろう。

モーツァルトのドン・ジョヴァンニは、「今ここの快楽以外の何ごとも信じない」という無節操のエロティシズムを、命を賭して貫徹することによって、理念に殉じる精神の貴族としての身の証を立てる。無理念と見えたものが、死の瞬間に英雄的な理念へと転じるのだ。この地獄落ちのフィナーレにおいて、「わしは卑怯者との咎だけは受けぬ！」と言い放つ主人公の生きざまの、巨大な逆説の弁証法が完遂されるのである。

二つのフィナーレの謎

それにしても、世界が崩れ落ちるかのようなこの地獄落ちの場面の後に、果たして何かまだ音楽を続けることができるのだろうか？　《フィガロ》のあまりに深い赦しの音楽が実質的にドラマのピリオドであったのと同じく、《ドン・ジョヴァンニ》は本当はもうここで終わっている。しかも《フィガロ》の赦しの場面が三分ばかりだったのに対して、《ドン・ジョヴァンニ》の地獄落ちは一〇分近く。こんな途方もない音楽の後で何を聴かされても、観客はしらけるばかりだろう。にもかかわらずモーツァルトは、《ドン・ジョヴァンニ》をこのまま閉じはしなかった。悪夢のような夜は明け、再び朝となって主人公は姿を消し、残された登場人物がもう一度舞台に集合する。そして彼らが型どおりの「悪事の果てはこの通

19世紀半ばの《ドン・ジョヴァンニ》ベルリン公演のための舞台人物画　黒っぽい衣装で、《魔弾の射手》のザミエルのような悪魔の化身に見える。

り」を歌い、観客への最後のご挨拶とするところでもって、ようやくこの喜劇は終わるのだ。

この六重唱はいかにも味気なく、いかにも薄っぺらく、いかにも空ろに響く——熱狂的なモーツァルティアンであっても、このことを否定はしないはずである。再三いうように、予定調和の世界が確固として存在しているところで初めて、教訓劇の「懲らしめ」はその効力を発揮する。だが「生と死」あるいは「人と神」あるいは「刹那と永遠」といった巨大な二つの力のせめぎあいによって、秩序ある世界が正反対の方向へひっぱられ、ついには瓦解してしまった後となっては、もはやドラマを「めでたしめでたし」へ反転することはできない。いかなるハッピーエンドも、あの地獄落ちの後では、必然的に空疎に聴こえざるを得ないのだ。

この矛盾を解決すべく、一九世紀においては最後の場面をカットし、ドラマを地獄落ちで終わらせることでもって、作品に喜劇ではなく悲劇としての統一性を与えるのが慣例だった。E・T・A・ホフマンやグラッベ以来、《ドン・ジョヴァンニ》は「魂の救済の物語」

といったワーグナー風の解釈をされるのが常であり、一八六六年のプラハ上演のように、地獄落ちのフィナーレで騎士長が天に昇っていき、天上でドンナ・アンナとドン・オッターヴィオを祝福するというような演出をされることもあったらしい[20]。ちなみにこの演出は、明らかに前述のグラッベの劇の影響を受けている。ここではドン・オッターヴィオは既にドン・ジョヴァンニによって殺害され、ドンナ・アンナもファウスト博士によって呪い殺されているのだから。

伝説のドン・ジョヴァンニ歌手だったフランチェスコ・ダンドラーデ（1859～1921年）の伊達男ぶり　輝く純白の衣装はあまりにも有名。

ハッピーエンドのフィナーレが復活されたのは、一八九一年のミュンヘンにおけるリヒャルト・シュトラウス指揮の上演においてである。華麗なロココ式建築で名高いキュヴィリエ劇場（別名レジデンツ劇場）におけるこの公演は、回り舞台を用いることで喜劇の闊達なテンポを可能にし、主人公は伝説的なドン・ジョヴァンニ歌手として名高いポルトガル人のフランチェスコ・ダンドラーデが歌った。彼は水もしたたるいい男で、純白の衣装に身を包んだラテンの伊達男として、ドン・ジョヴァンニを演じたといわれる。《ドン・ジョヴァンニ》をドイツ・ロマン派の救済の観念論から解放し、優美なロココ喜劇として復活させる試みの嚆矢となったのが、この上演である。

とはいえ、同じく伝説的な《ドン・ジョヴァンニ》として名高い一九〇五年のウィーン宮廷歌劇場におけるマーラー指揮による公演では、またしてもハッピーエンドは省略された。同時代の批評によれば、それは「E・T・A・ホフマンのドン・ファンであり」、「悲劇的な歌手たちが悲劇的な意識でもって主役を演じた。彼らの偉大さが上演に生命を与えたが、それはドイツ・ロマン派の生命だった」という。マーラーの弟子だったブルーノ・ワルターは、一四年前にリヒャルト・シュトラウスがハッピーエンドを復活させたのと同じミュンヘンのキュヴィリエ劇場で、一九〇五年に再び六重唱カットの上演を行った[21]。

ハッピーエンドの六重唱は、どう工夫したところで、ドラマのカタルシスを著しく殺いでしまう。モーツァルトは地獄落ちをあまりにも巨大にしすぎた。その後でとってつけたように「悪事の果てはこの通り」などと歌われても、観客は容易に「こちらの世界」には戻って来れない。地獄落ちとハッピーエンドという二つのフィナーレの間には、橋のかけようがないくらいに深い断絶が出来てしまっているのである。

それにもかかわらず《ドン・ジョヴァンニ》は、フィナーレにおける媒介不能のこの亀裂も含めて、最後のハッピーエンドまでを一つの作品として解釈するべきだというのが、私の考えである。ウィーン初演に際してはモーツァルト自身が最後の六重唱をカットしたともいわれるし、そこから「モーツァルトは単に一八世紀の慣習に従ってハッピーエンドを書いただけで、本当は地獄落ちでオペラを終わらせたかったのだ」という通念が広まって、一九世紀におけるハッピーエンドのカットの根拠となったのは確かだろう。だが興味深いことに、一八世紀においてむしろ一般的だったのは、地獄落ちで終わるドン・ジョヴァンニ劇の方であって、この章の最初で挙げたモーツァルト以前のドン・ジョヴァンニ・オペラは、ガッツァニーガのものを除いてすべて地獄落ちで終わっている。そして民衆劇としてのドン・ジョヴァンニもまた、最後の地獄落ちを最大の見せ場にしていた。一八世紀においても地獄落ちで終わるドン・ジョヴァンニの方が多かったのであって、つまりモーツァルトは単に同時代の習慣に倣ってハッピーエンドを書いたわけではないのだ。

　モーツァルトのオリジナルな意志は、凄まじい地獄落ちの後に味気ないハッピーエンドがやってくるようにドラマを組み立てたという、まさにこの事実の中にこそ、読み取られなければならない。それはつまりこういうことだ。地獄落ちの轟音とともに、ドン・ジョヴァンニやサド侯爵やラクロの『危険な関係』のヴァルモンおよびメルトイユ夫人らが跳梁する、革命直前の貴族たちの官能の夜は終わる。そして道徳的な小市民たちの、あまり面白くもないが安定した近代社会という朝が予感されるところで、このドラマは閉じられるのである。われわれは《魔笛》において再び、この清く正しい市民社会の朝と出会うことになるだろう。モーツァルトはドン・ジョヴァンニの英雄的行為をロマンチックに美化しない。《後宮からの逃走》においても、《フィガロの結婚》においてもそうだったが、フィナーレの感動カタルシスはいつも宙吊りにされて、作品は終わるのである。

主人公は本当にドン・ジョヴァンニなのか？

《ドン・ジョヴァンニ》のハッピーエンドは、当の主役がいないという意味でもまた、異例のフィナーレではある。だが果たして劇の主役は、何やら幻のようにこの世から消えてしまったドン・ジョヴァンニだったのか？　モーツァルトの恋愛オペラの主人公は、この作品を除いて、すべて二組の男女だ。そして実は《ドン・ジョヴァンニ》においても、二組のカップルは存在している。父を殺されたドンナ・アンナと許婚のドン・オッターヴィオという高貴な男女、そしてマゼットとツェルリーナという庶民の男女である。このオペラにおいて本来主役になる予定だったのは彼らだと考えるなら、一体どういう解釈が可能になるだろう？オペラ・セリアではしばしば、本来の主人公である愛し合う男女ではない、国王などの権力者の名をオペラのタイトルにするということが行われる。《ポントの王ミトリダーテ》も《ルーチョ・シッラ》も《イドメネオ》も《皇帝ティートの慈悲》も、みなそうだ。彼らはいずれも、愛の物語の本当の主人公ではない。登場人物の中で最も身分は高いが、最後には愛を断念し、それによってカップルの幸福な愛の成就を可能にしてやる、そんな存在である。こういう役柄は、カストラートとソプラノによる「愛し合うカップル」に比べて声域が低い役（セリアの場合はテノール）によって歌われるのが常である。

いささか図式的にいえば、①権勢をほしいままにできる立場にあり、②若い恋人たちの間に割り込んでくる恋敵であり、③しかし最後は身を引くことで社会の秩序が回復する一種のスケープゴートでもあり、④同時に若いカップルの恋の成就を見守る庇護者でもあって、⑤低い声域の歌手によって歌われるのが、このセリアにおける国王であると、ひとまず定義しておこう。

こう考えればモーツァルトのドン・ジョヴァンニは、まさにオペラ・セリアの国王役の、破天荒で暴力的なヴァリエーションに他ならないことが分かるはずである。恐らく彼は登場人物の中で最も身分が高く、何より「エロスの帝国」における絶対的な支配者である（①）。同時に彼は、二組の幸福なカップルの間に割り込んできて、仲をずたずたに引き裂いてしまう邪魔者でもある（②）。そして最後には、清く愛を断念するのではなくて地獄に落とされるという形ではあるにせよ、彼が去ることによって世界の秩序が回復される（③）。また彼に扮するのは、声域がかなり低いバリトンである（⑤）。つまりドン・ジョヴァンニに欠けているのは④の「庇護者」としてのキャラクターのみなのだが、この役割を《ドン・

ジョヴァンニ》で果たしているのが、アンナの父である騎士長であることは言うまでもない。通常の国王が演じる「恋敵にして父親」という役割が、《ドン・ジョヴァンニ》においては主人公と騎士長に分裂していると考えられる。

ドン・ジョヴァンニが「若いカップルの間に横から割り込んでくる国王」の類型の変奏であることは、《後宮からの逃走》と比較してみてもよく分かるはずだ。既に述べたように《後宮》は、様々な点でオペラ・セリアの要素が入っているジングシュピール（ドイツ語による大衆演劇）であるが、人物配置の点でも今述べたセリアのパターンを完全に踏襲している。太守は恋敵であると同時に、庇護者でもある。セリアの国王たちが身を引き、そしてドン・ジョヴァンニが地獄に落とされるのと同様に、太守がコンスタンツェを諦める決意をすることでもって、世界の平和が取り戻されるのである。しかも太守は、ドン・ジョヴァンニがレポレロとセットになっているように、召使オスミンと対になっている。恋敵／庇護者の両面的キャラクターのうちの、汚れ役的な部分はすべて召使に押しつけられ、高貴な顔は太守が引き受けるのだ。

《ドン・ジョヴァンニ》の次に作曲された《コシ・ファン・トゥッテ》を引き合いに出してもいい。ここでも主人公は二組の男女であり、そこに狂言回しとして初老の哲学者ドン・アルフォンソが絡んでくる。《後宮》の太守がオスミンと、《ドン・ジョヴァンニ》の主人公がレポレロと対になっているのと同様、アルフォンソは侍女デスピーナと組んで様々な恋の陰謀をたくらむ。確かにドン・アルフォンソは、自ら幸福なカップルの間に割り込みはしないし、従って最後に清く身を引く必要もない。彼は恋敵ではなく皮肉な傍観者であり、狂言回しであり、そして若い恋人たちを見守る庇護者である。だが他方でアルフォンソは、酸いも甘いも知り尽くして諦観の境地に達した老ドン・ジョヴァンニともいうべきキャラクターであって、本来幸福に結婚できたはずの二組の恋人たちの仲をずたずたにしてしまう悪魔的な人物でもあることを見逃してはならない。

ここに《フィガロ》の伯爵を加えれば、ドン・ジョヴァンニがどういう人物類型の鋳型を組み合わせて作られているか、およそのことは理解できるはずである。セリアの国王たちと同様、伯爵は劇世界の支配者であり、同時に若いカップルの間に割り込んできて秩序を攪乱する恋敵だ。だが彼はそれでもなお（少なくとも建前では）フィガロとスザンナの庇護者であり、いずれにせよ最後は「ぎゃふんと言わされて」色恋から身を引くはめになる。国王たちの清い断念とドン・ジョヴァンニの地獄落ちのちょうど中間にいる人物が、伯爵である。ただしセリアの国王や《後宮》の太守と異なっているのは、伯爵が妻帯者であることだろう。彼を骨の髄まで愛している妻ロジーナに、伯爵はいわば追い回されている。これが彼をして、ストーカー女ともいうべきエルヴィーラに追いかけられているドン・ジョヴァンニの、兄弟分たらしめている点である。

《ドン・ジョヴァンニ》を、本来このドラマの主人公になる予定だった二組の恋人の側から見れば、次のようになる。つまり結婚というハッピーエンドで終わるはずだった劇が、ドン・ジョヴァンニが割り込んできたせいで、結婚の破綻になってしまうのだ。伝統的な喜劇のフィナーレの定型が、ここでは完全に反転させられている。ドン・ジョヴァンニさえいなければ、ドンナ・アンナは父に祝福され、特に強烈な魅力があるわけではないけれど、それなりに誠実で、安定した生活を保証してくれるであろうドン・オッターヴィオと幸せに結婚していたはずだが、もはや彼女の婚約は実質的に破談になってしまう。結婚の履行を婉曲に求めるドン・オッターヴィオに対して、フィナーレでドンナ・アンナは「一年間待ってほしい」という。果たして一年後、彼らはめでたく結婚式を挙げることができるのだろうか？確かにマゼットとツェルリーナの農民カップルの方には、既に和解が成立している。ドン・ジョヴァンニに殴られ半殺しにされたマゼットを、ツェルリーナが優しく慰める場面である（第一八番）。ただしこの和解はフィナーレよりもかなり前の部分で生じていて、劇のピリオドとはとてもいえない。ほとんど夫といってもいいドン・ジョヴァンニを失ったドンナ・エルヴィーラは、寡婦として修道院に入り、今は亡き彼を弔いながら生涯を終えるだろう。そして召使レポレロは、宿屋へ新しい主人を探すために去っていく。このハッピーエンドは、いわば解散式なのだ。

要するに《ドン・ジョヴァンニ》は、《後宮》のベルモンテとコンスタンツェの仲が破談になり、《フィガロ》の伯爵が地獄に落ち、伯爵夫人は寡婦となって、フィガロとスザンナ

（あるいは《後宮》のペドリルロとブロントヒェン）の召使コンビだけが、かろうじて仲直りして家へ帰っていく、そんな破滅的な物語なのである。

とはいっても、《コシ・ファン・トゥッテ》の恋人たちに比べれば、《ドン・ジョヴァンニ》の登場人物たちはまだしも幸福だったのかもしれない。何といってもここには、「全部あいつのせいだったんだ！」とばかりにすべての罪をおっかぶせることができる、「極悪人」がいるのだから。誰も自らの手でドン・ジョヴァンニを罰することはできなかった。この悪党を葬ってくれたのは、騎士長の石像という超越的な力である。しかも彼らは、地獄に落ちた主人公を見て、他人事のように「悪事の果てはこの通り」などと呑気に歌っている。悪かったのはすべてこの悪徳貴族であって、自分には何の非もないといわんばかりだ。ドンナ・アンナもツェルリーナも、本当はたいした魅力もない自分の許婚などより、よほどドン・ジョヴァンニの方に惹かれていたのではないのか。エルヴィーラがあのように執拗につきまといさえしなかったら、彼女の愛するジョヴァンニは地獄に落ちなかったのではないか？　だが誰一人として、敢えて自らの行動の責任を引き受けようとはしない。

有名な「啓蒙とは何か」という論文においてカントは、後見人（庇護者）なくしては判断ができない未成年状態から脱出する行為として、啓蒙を定義している。[22]この意味において《ドン・ジョヴァンニ》の登場人物たちは、まだ未成年状態を脱してはいない。ハッピーエンドで六重唱を歌う人々は、要するにすべて他人まかせ／神頼みである。諸悪の根源も、それを退治してくれるのも、どちらも絶対的権威（絶対善ないし絶対悪）なのだ。騎士長からの地獄への招待に、毅然として手を差し出すドン・ジョヴァンニの英雄的な姿と、これはあまりに対照的である。

それにひきかえ、次作《コシ・ファン・トゥッテ》の恋人たちは、もはや絶対的権威が存在しない世界を生きなければいけない。モーツァルトの恋愛オペラにあって、ここで初めて「支配者」がいない世界が到来する。何が起きようが、もう絶対悪のせいにはできない。また頼れる庇護者＝後見人も、ここにはいない。何せ《コシ》の後見人は、人当たりのいい初老のドン・ジョヴァンニともいうべき、あの煮ても焼いても食えない恋愛哲学者ドン・アルフォンソなのだ。神も王様も悪魔もいない世界において、カントのいう未成年状態から脱し、大人として自立すること——それこそが、「恋人たちの学校」と題された《コシ・ファン・トゥッテ》の男女に課せられた宿題となる。

第五章　臍をかんで大人になる？
《コシ・ファン・トゥッテ》と男女の化学結合

《コシ・ファン・トゥッテ》　ミュンヘン　ヘルムート・ユルゲンスによる舞台デザイン（部分）1959年

借金まみれの生活

《ドン・ジョヴァンニ》の闇の後、再び昼の光が戻ってくる。舞台は陽光が燦燦と降り注ぐナポリ。主人公は二組の仲睦まじい恋人たち。もうここには、ドン・ジョヴァンニのように、人間関係をずたずたに引き裂く邪魔者はいない。《コシ・ファン・トゥッテ》の主題は、《ドン・ジョヴァンニ》で粉々になった共同体の瓦礫の再建である。

《コシ》はモーツァルトの人生の中で最も悲惨な時期に書かれた。《ドン・ジョヴァンニ》初演の一七八七年（父が死んだ年でもある）以後、モーツァルトの人生は急速に暗転し始める。《コシ》が初演された一七九〇年までの数年間、モーツァルトは経済的にほとんど破滅状態に瀕していた。この頃の彼の境遇のドキュメントとして有名なのが、いわゆるプフベルク書簡である。商人だったミヒャエル・プフベルクにモーツァルトは、一七八八年から一七九一年にかけて、再三借金の申し込みをしている（一七八八年に四通、八九年にも四通、九〇年に九通、九一年には三通）。それは例えば「ああ、困ったことに！　お礼を申し上げる代わりに、また新たなお願いをするはめになるとは！――借金の支払いをする代わりに、またまた懇願しなくてはならないとは」（一七八九年七月一二日）とか、「なんの御返事もないところをみると、きっとお怒りになっていらっしゃるのですね！――あなたの友情の数々の証しとこのたびの私のお願いとを考え合わせますと、あなたのお怒りもまったく当然だと思います」（同七月一七日）といった調子である。[1]　かつての無垢な天才少年が、プライドも何もかもかなぐり捨てて金を無心するその様子は、とても正視に耐えない（ただし最近では、モーツァルト晩年の貧窮はさほどでもなかったという意見もあるが）。

プフベルクへの借金の申し込みが始まる一七八八年夏には、第三九から第四一番までのいわゆる三大交響曲が書かれたが、その初演を予定していたと思われる予約演奏会を開くことが出来たかどうかは疑わしいといわれる。この頃にはもうモーツァルトの顧客はほとんどいなかった。また一七八九年には、のちのベートーヴェンのパトロンとして名高いリヒノフスキー公爵とともにベルリン旅行をするが、そのための旅費を彼は、裁判所書記でフリーメーソン仲間だったフランツ・ホフデーメルから借りている。彼の妻はモーツァルトにピアノを習っていたが、モーツァルトが死んだとき、夫は不貞を疑い、妻を殺して自殺した。

だが結局このベルリン旅行は何の実りもなく終わり、しかもこの頃から妻コンスタンツェの湯治が始まって、モーツァルトの財政はますます逼迫するようになる。自分を放って頻繁にウィーン近郊の温泉地バーデンへ行ってしまう妻の素行に、彼は絶えず気をもみ続けている。「お願いだから、きみとぼくの名誉を考慮して振舞うだけでなく、外見にも気をつけること。――このお願いに怒らないこと。――ぼくが名誉を重んじている以上、この際いっそうぼくを愛してくれなくてはいけない」（一七八九年四月一六日）とか、「ごきげんよう、いとしい奥さん、ぼくが手紙で書いたお願い、みんな守ってくれよ。愛が、本当の真実の愛が、あのようにぼくを駆り立てたのだから。――そして、ぼくがきみを愛しているように、ぼくを愛してくれよ。——いつまでも」（同五月一六日）といった妻宛ての手紙が、たびたび書かれるのである。(2) モーツァルトは一体何をそんなに心配していたのだろう？　今となっては詳細を知る由もないが、これはどう見ても、妻の浮気を心配しているとしか読めない手紙ではある。

まさに内憂外患。こんな状況では誰でも、まともに仕事など出来まい。モーツァルトも然り。一七八九年には前年よりさらに作品数が減る。ほとんど一二音技法のような実験的作品として名高い《ピアノのための小ジーグ》（KV.574）（五月）、いわゆる《プロシャ王弦楽四重奏》の第一番ニ長調（KV.575）（六月）、《ピアノ・ソナタ》ニ長調（KV.576）（七月）、そして《クラリネット五重奏》（KV.581）（九月）くらいしか作られていないのだ。そして、色濃く人生の秋の気配が漂い始めている名作《クラリネット五重奏》を作曲した後、一七八九年の秋から取り掛かったと思われるのが、この《コシ・ファン・トゥッテ》である。

「女はみんなこういうことをする」

単刀直入にいえば《コシ》は、スワッピングのお話である。二組の熱烈に愛し合っている男女がいて、男たちは自分の恋人ほど貞節な女性は世の中にいないと信じ込んでいる。しかし世間の酸いも甘いも知り尽くした哲学者ドン・アルフォンソは、「自分は長い間生きてきたが、永遠に貞操を守る女性など見たこともない」と挑発する。かくして、彼女らが本当に浮気をしたりしないかどうかを「検証」する賭けが始まる。男たちはまず、戦争に行かねばならなくなったことにして、恋人たちに別れを告げる。離別の愁嘆場。次に彼らは別人（アルバニア人）になりすまし、アタックを開始。しかも相手を交換する。つまり互いに「相棒」の恋人を口説くのだ。そして……色々抵抗はしてみせるものの、結局彼女たちは陥落してしまう。「コシ・ファン・トゥッテ（女はみんなこういうことをする）」。永遠の貞節などどこにも存在しない。真実と証明されるのは、ドン・アルフォンソのテーゼだ。だが言うまでもなくこれは女性蔑視などではなく、このドラマは同時に、「コシ・ファン・トゥッティ（男はみんなこういうことをする）」でもあるだろう。男も女も相手に過剰な貞操の幻想を投影してはいけない。悪いのは浮気した女性ではなくて、彼女らにありもしない理想を託した男たちであり、相手を美化しすぎないで愛することこそが本当の人間愛なのだ――これこそ「恋人たちの学校」という副題のついた《コシ》のメッセージである。かくして二組の恋人たちは元の鞘に収まり、そして軽い（解釈によってはかなり深刻な）幻滅を抱きつつ、結婚式を挙げることになる。

よく知られたことだが、「コシ・ファン・トゥッテ」の題名は、《フィガロの結婚》に由来している。第一幕で美少年ケルビーノを部屋に連れ込んでいるスザンナを見て、音楽教師バジリオが歌うセリフ「コシ・ファン・トゥッテ（女はみんなこういうことをするものでございます）」が、このオペラのタイトルになったのである。実はフランス革命が勃発した直後の一七八九年八月二九日、初演以来久方ぶりに《フィガロ》がウィーンで再演され、《コシ》が初演される一七九〇年一月まで、都合二九回上演されている。従って当時のウィーンの聴衆には、このタイトルが《フィガロ》からの引用であることは、すぐに分かっただろう。初演は一月二六日。それからほどなくオーストリア皇帝ヨーゼフ二世が亡くなり、ウィーンではオペラどころではなくなってしまったこともあって、《コシ》は九回再演されただけで、ほとんど何の反響も呼ばなかった。

パートナー交換のドラマ（1）――マリヴォーからサリエリまで

《コシ・ファン・トゥッテ》は、その筋立てがあまりにも非現実的であるとして、一九世紀においては最も人気のないモーツァルト・オペラだった。顔見知りの人間が変装しているのに、それに気がつかないはずがないというわけである。しかも清くて正しい一九世紀市民にとっては、この「パートナー交換」という主題は不道徳きわまりないものと見えたようである。ベートーヴェンもワーグナーもハンスリックも《コシ》には非常に批判的であって、それが再評価されるようになったのは、一八九七年のミュンヘンにおけるリヒャルト・シュトラウス指揮の公演以来のことである。

しかしながら、一九世紀人にどれだけ荒唐無稽なものと見えたにせよ、一八世紀において「パートナー交換」は非常に愛好された文学モチーフであって、それをめぐる数多くの芝居や小説やオペラが残されている。ロココの時代に活躍したフランスの劇作家マリヴォーの芝居はその代表格である。例えば『愛と偶然との戯れ』（初演一七三〇年）の筋は、次のようなものだ[3]。その主人公は、親が選んだ相手と見合いさせられることになった貴族の男女。どちらも相手の真心を知ってから結婚するかどうかを決めたいと考え、男は自分の従者に、女は自分の侍女になりすまして見合いに臨む。そして彼らは——当然のことながら——従者／侍女の方に魅かれる。「正式の」見合いの方は、従者と侍女がそれぞれの主人に化けているために珍妙なものとなるが、こちらもそれなりに相手のことを気に入る。そして最後には互いの正体が分かり、当初の予定通りにめでたく二組の結婚式に至るというのが、この優美なロココ喜劇である。

『いさかい』（一七四四年）という芝居も面白い[4]。これは《コシ・ファン・トゥッテ》によく似た、「男と女のどちらが世界で最初に浮気したのか？」を検証するための、「実験」である。生まれた時から一切の異性と接触させず、別々に育てた年頃の二人の男と二人の女を見合いさせるのである。もちろん彼らは、生まれて初めて見た異性にすぐ魅了され、二組のカップルができる。だが次に相手を交換して二度目の見合いをさせると、男も女も最初の恋人のことなどすぐに忘れ、次の相手と恋に落ちてしまう。「要するに男も女も同時に浮気を始めたのだ」というのが、この芝居の結論である。

『二重の不実』（一七二三年）は次のような筋である。ある大公が農民の娘に恋をするのだが、彼女には将来を誓い合った農夫の恋人がいる。初めのうち娘は、いくら相手が大公でも、絶対に自分は許婚を裏切ったりはしないと言い張る。大公は身分を利用し力ずくで娘を奪うのではなく、彼女の「心」がほしい。そんな彼の心中を察した宮廷の女官が、変装や嫉妬を巧みに利用し、農民のカップルの気持ちをそれぞれ別の方向へ向けることに成功する。気がつくと娘の心は大公の、農夫のそれは女官自身の方を向いているのだ。かくして、相手を交換した、身分違いの二組の結婚式が行われることになり、すべてめでたく収まる。

マリヴォー作品はウィーンでも大変に人気があったらしく、『いさかい』は一七七八年にドイツ語訳され、さらにモーツァルト家の親友であったフランツ・アスプルマイヤー（一七二八〜八六年）によって、《自然児》のタイトルでジングシュピールにされた。また一七八〇年代には、『試練』、『贋の侍女』、『偽りの打ち明け話』というマリヴォーの三つの喜劇が、ウィーンで上演された[5]。特に『贋の侍女』をドイツ語訳したのは《後宮からの逃走》の台本作者シュテファニーであり、また『偽りの打ち明け話』は《コシ》の初演の頃にちょうど上演されていたところだったから、芝居好きのダ・ポンテやモーツァルトが、これらを知らなかったはずはないだろう。

パートナー交換は、同時代のオペラ・ブッファでもしばしば見られたもので、例えばサリエリの《やきもち焼きの学校》（一七七八年）は、タイトルからして既に、《コシ》の副題「恋人たちの学校」を連想させる[6]。主人公は、今にも妻を監禁せんばかりの嫉妬深い商人と、不実な夫にいつもやきもきしている伯爵夫人。両者の友人が二人に、浮気性なパートナーに嫉妬させるべく大胆にアバンチュールをするよう勧め、最後はこの二組の夫婦が仲直りする話である。ヴェネチア初演のこのオペラは、一七八三年から一七八六年にかけて二六回ウィーンで上演されている。

同じくサリエリの《トロフォーニオの洞窟》（一七八五年）は、ダ・ポンテのライバルだったジョヴァンニ・バッティスタ・カスティの台本によるもの。ある魔法使いにして哲学者（ドン・アルフォンソを連想させずにはおかない）が支配する不思議な洞窟があって、そこに入ると人の性格が一変してしまうのだ。ここでも主人公は二組の男女。真面目な人は陽気に、陽気な人は真面目になってしまう。男性たちは、洞窟に入ってからというもの、性格がまるきり変わってしまい、婚約者である姉妹とそりがあわなくなる。やがてパートナーを取り替えたらどうだという話になるのだが、結局再度この洞窟に入って性格を元に戻し、かくして二つのカップルはめでたく結ばれる。この《トロフォーニオの洞窟》はウィーンのブルク劇場で初演されたオペラであり、一七八五年から一七八八年にかけて二六回上演されているから、ダ・ポンテやモーツァルトも当然それを知っていたはずである。

またアンフォッシの《無分別な詮索好き》（一七八三年にウィーンで上演）も、二人の男性が許婚の貞操を試すためにパートナー交換をするという話だが、一七八三年にモーツァルトは、このオペラのための挿入曲を書いている（アリア「どうか詮索しないでください」KV.420）。このように一八世紀後半のウィーンの劇場人にとって、「パートナー交換」は極めて身近な流行の主題だったわけである。(7)

心の必然性というアナーキー

それにしても一体なぜ啓蒙の世紀は、「パートナー交換」の主題にかくも取り憑かれていたのか。単純な解答などあるはずもないが、まずは一八世紀における最も過激な思想家の一人といっていいであろうヴォルテールによる、「愛」の定義を出発点としよう。「愛ハスベテノモノニオイテ同ジデアル」――『哲学辞典』における「愛《アムール》」の項目を、彼はラテン語のこの一文で始める。(8)それが意図するところは、これに続く一節、「ここでは肉体に戻らねばならない」にすべて言い尽くされている。要するに人間もまた、こと愛については、他の動物と何の違いもないというわけである。

ただしヴォルテールは、次のように続けることを忘れない。「愛は想像力で刺繡された自然の織物だからである」。確かに人間の愛は、単なる肉欲の爆発ではない。だが透明な理性でもって隅々まで制御されているわけでもない。どこまでが本能（＝自然）で、どこからが精神的なもの（＝想像力）か定かではない。愛とはそういう存在なのだ。

しかし「想像力で刺繡された」愛の美しい上澄みの底には、動物的本能という下部構造が蠢いている。「愛についての観念をもちたい」ならばどうすればいいか。ヴォルテールいわく、「君の庭の雀を見たまえ、君の家の鳩を見たまえ、君が飼っている牝牛のところに連れてこられた牡牛をながめたまえ、おとなしく待ちかまえ尻を向けて受け入れ体勢をとる牝馬のところへふたりの召使いにひかれてくる猛々しい牡馬を視《み》つめたまえ」。以下この調子で延々と続く叙述は、書かれてから二世紀半近く経った今日なお、思わず赤面してしまう赤裸々さである。ヴォルテールは人間の愛に、動物のそれに対する優越性を与えはする。だがそれは、動物とは違って、人間の愛に理性があるからではない。それどころか、「君はたえず愛に身をまかせうるが、動物には一定の期間しかない」という点、さらには身体の手入れによって「皮膚をより繊細にして接触の楽しみを増大し」、あるいは「欲望器官をいっそう敏感にする」点にこそ、ヴォルテールは「自然から授かったいっさいのものを完成する才能を稟《う》けている人間たち」による「愛の完成」を見るのだ。

一八世紀は「心に忠実な愛」が、従来の家と家との利害関係に基づく結婚の「虚偽」とのコントラストで、称揚されるようになり始めた時代である。さきほど紹介したマリヴォーの『愛と偶然との戯れ』もそうであるし、ルソーの『新エロイーズ』やゲーテの『若きウェルテルの悩み』は、その最も過激な例だ。だがヴォルテールは、「心からの愛」という美辞麗句の背後にあるのが、動物的本能に他ならないと喝破する。人間の愛と動物のそれとの間には、せいぜい前者は欲情を想像力でもって刺繍のように飾り、それをもって「心の愛」とするといった程度の差があるにすぎないというわけである。「心で愛する」とは結局、「自然＝本性（ほんせい／ほんしょう）＝本能＝性（さが／せい）のままに愛する」ことに他ならないということだろうか。

そういえばモーツァルトも、既に第二章で引用したところの金銭結婚を手厳しく批判した手紙の中で、次のように書いていた。「高貴なひとたちはけっして好みや愛情で結婚せずに、ひたすら利害やその他もろもろの付帯目的があって結婚します」（傍点筆者）。モーツァルトはここで「好み（gusto）」というイタリア語を使っているが、これは英語の taste（テイスト：趣味、味覚、嗜好、美的センス）にあたる表現であり、とりあえず「感性のままに」といった意味で理解すればいいだろう。心が感じるままに愛する、それが真実の愛であり、結婚の基盤である――一見自明のことのようにも思える。しかし冷静に考えるなら、これは途轍もなく無鉄砲なことではないか。人の心は、あらゆる社会制度を無視して、見当もつかない方向へ突っ走っていきかねないのだ。

このことを、《コシ・ファン・トゥッテ》の恋愛哲学者ドン・アルフォンソもまた、分かりすぎるくらいに分かっていた。結局別のパートナーの熱烈な求愛によって陥落してしまった二人の姉妹について、彼は歌う（第二幕、第三〇番）。まずはレチタティーヴォで「彼女らをあるがままに受け入れてあげなさい。自然は例外を作ることは出来ない」（傍点筆者）。そしてアリアでは「一日に千回も心を変えると人は女性を非難する。だが私は彼女たちを許そう。ある人はそれを不道徳といい、ある人はそれを悪い癖のようなものだという。しかし私にはそれは、心の必然性（necessità del core）と思えるのだ」。人間は他のすべての動物と同じく「自然」であり、性を含むあらゆる自然現象がそうであるように、心もまたそれ自体の必然的な法則でもって動く。理性ではどうしようもない。心とは人が内側に抱え込んだ、もう一つの自然なのだ。(9) 一八世紀末のナポリの恋愛哲学者アルフォンソのこの短いアリアは、アドルノとホルクハイマーによる理性批判の哲学書『啓蒙の弁証法』のテーゼの、軽妙な予告のように聴こえる。

パートナー交換のドラマ（2）――ディドロとラクロの場合

心で愛する限り、そして心が自然の一種である限り、それは絶えず社会／理性の掟と食い違う危険を内にはらんでいる。「そういう顔をしておかないとまずいかな……（社会的建前）」、「頭じゃ分かっていても（理性）」、「どうにも止められない……（心の本性）」――この出口なしのトライアングルにあって、どう落としどころを見つけるか。これはパートナー交換を主題とするドラマが常に直面する難題である。

いかにもロココ風の優美なマリヴォー作品にあっては、まだまだ能天気な予定調和の結末が可能だ。心が求めるものと社会秩序との間に一瞬ねじれは生まれるが、当初よりもっと幸せなフィナーレが、最後は待っている。『愛と偶然との戯れ』では、従者に化けた貴族の息子が、自分が本来見合いするはずだった令嬢ではなく（実は侍女が化けているのだから気に入らなくて当然だ）、その侍女の方に心を惹かれる。心の傾きと社会秩序がずれてしまう。だが実はこの侍女こそ、自分の本当の結婚相手である令嬢その人だったことが判明して、最後はハッピーエンドとなるのである。貴族の息子が高貴な家の令嬢と結ばれるという社会秩序が、きちんと回復されるのだ。

『二重の不実』のフィナーレでは、農民娘は大公と、農夫は宮廷の女官と結婚できるのだから、二人とも不満があろうはずがない。二人にとってはまさに玉の輿だ。大公がこともあろうに農夫の許婚に恋をしたことで生じたねじれは、最後には大公を中心とする封建秩序の中に統合される。「心」と「社会秩序」とはぴったり一致する。

だがマリヴォー（一六八八〜一七六三年）より少し後の世代のディドロ（一七一三〜八四年）になると、「心」と「社会」は必ずしも常に一致はしなくなる。パートナー交換どころか、ほとんど乱倫推奨の物語といってもいい『ブーガンヴィル航海記補遺』[10]は、タヒチの自然人とヨーロッパからの訪問者とのコミカルな対話形式の小説である。異民族の間の友好の印として、「自分の女房でも娘でもどんどん自由に交わってくれていい」と語る原地人の言葉に腰を抜かしたヨーロッパ人は、逆に彼から、「ヨーロッパには正規の夫婦以外の性関係はないのか？」と問われる。以下は、この「姦淫」を巡る二人の会話である。「さ、それなんですが、実をいうと、［ヨーロッパでは］これほど世間にありふれたことはほかにないのです」――「立法者［神のことである］は罰を加えたり、加えなかったりするわけだな。それじゃ、罰を加えるなら、立法者というのは自然をぶちこわす鬼畜生だ。罰を加えなかったら、奴さんらは糞の役にも立たない禁制をふりかざして、おのれの権威を世間の物笑いの種にする大馬鹿野郎だ」――「父親が実の娘と同衾する、母親が実の息子と同衾する、兄が妹と同衾する、夫が他人の妻と同衾する、そんなことでいいのですか？」――「なぜいけないのかね？」――「姦淫と見なすべきです。そうですとも、近親相姦です、姦通です！」――「『かんいん』『きんしんそうかん』『かんつう』、一体それは何のことかね？」（傍点筆者）

「立法者が自然をぶちこわす」といった表現に端的に現れているように、人の本性（＝自然）と社会の掟（＝立法者）とのねじれが、ここでは「自然人と文明人の間のとんちんかんな対話」として、ユーモラスに描かれている（ちなみに社会契約の抑圧を知らないこの民族の首長は、異民族どうしでどんどんセックスして子供を作り新しい民族を作ってしまえば、余計ないがみ合いもなくなるなどという、ほとんどセックスを通したユートピア創生とでも呼びたくなるような、痛烈な因習モラル批判を開陳している）。

同じくディドロの『不謹慎な宝石たち』（一七四八年）という物語は、さらに過激だ。[11] これはほとんどシュールレアリスムの先取りのような「とんでも小説」であって、主人公はコンゴの王様。彼は、それを相手に向かって回すと、その人物の下半身（タイトルの「宝石」

とは、言うまでもなく女性の性器の隠語である）が本音をべらべら白状し始めるという、不思議な指輪を手に入れる。王様は面白がって宮廷中の女官を相手にそれを試してみるのだが、口で言っている建前と下半身が白状することとが食い違っていない女性が一人もいないことに、やがて絶望し始める。

このユーモラスだが軽いメランコリーに覆われた小説の顚末は、次のようなものである。作品の終わりになって王様は、口で言っていることと下半身が言うこととが一致する女性に、ついに巡り合う。それはツァイーデという女官の一人。モーツァルトには《ツァイーデ》という未完のオペラがあるが、ディドロのこの小説は一八世紀において非常に人気があったものだから、ひょっとすると題名をここから借りたのかもしれない。それはともかく、この王様はこのツァイーデに恋をしているのだが、残念ながら彼女は別の男性に、文字通り「身も心も」捧げ尽くしている。軽い失望を感じつつも、建前と心とが本当に一致する異性にようやく巡り合って、彼は内心安堵する。そんな王様を見て、侍従が「でも彼女には夫がいるのですよ（つまり彼女が恋しているのは夫以外の男性だという意味である）」とさりげなく告げるところで、この小説は終わる。かくして社会の掟と人の心とは、どこまでいっても永遠に一致することはない。

さらに一八世紀も後半になると、社会的建前や理性と心の本能とのねじれが、ありとあらゆる人間関係を焼き尽くすような方向へと展開していく作品が書かれるようになる。「愛」

に「心」が介在してくることによって必然的に生じる暴力性を、恐らくは最も赤裸々に描いたのが、ラクロの『危険な関係』（一七八二年）だろう。主な登場人物は五人。恋の駆け引きを演じるのは、《コシ》と同じく、対照的な性格をもった二組の男女、つまりプレイボーイのヴァルモン子爵と純真な騎士ダンスニー、貞淑な人妻トゥルヴェール夫人と生娘ではあるが奔放な若い娘セシルである。モーツァルト劇でお馴染みの二組のカップルだ。ここに加わるのが、狂言回し役のメルトイユ侯爵夫人である。彼女は「女ドン・ジョヴァンニ」と言ってもいいし、《コシ》のドン・アルフォンソの女性版と考えてもいい。

このメルトイユ夫人は、もつれた糸のごとき恋の駆け引きのあやを背後から自在に操ることに快楽を見出している、手練のプレイガールである。そして文字通り彼女の「手先」となるのが、美男ヴァルモン子爵だ。恋の遊戯という快楽の絆を通して——逆説的にも——精神的に結ばれた二人の間には、かつてはともかく、現在は性的関係はない。彼らは快楽を通した盟友である。このメルトイユ夫人は、ヴァルモンをそそのかして純真なダンスニーの恋人であるセシルの処女を奪わせ、さらには貞淑で知られる人妻トゥルヴェール夫人の操を奪わせ、最後には彼女を死へと追いやる。彼女は病で死ぬことになっているが、半ば自殺のようなものだ。しかしすべてはゲームである。

とはいえ、遊戯がいつの間にか真実へ転じてしまうところにこそ、ラクロとモーツァルトの共通分母はある。ヴァルモン子爵は、プレイボーイとしての過ちを悔い改めたふりをし、純情一途を装いながら、貞淑なトゥルヴェール夫人を陥落させる。得々として自分の「戦果」をメルトイユ夫人に報告するヴァルモン。しかし彼女は、女性特有の勘で、彼が既にトゥルヴェール夫人を秘かに愛し始めていることに感づく。ヴァルモンが自分以外の女を、単に抱くだけではなくて「愛している」、つまり「心を奪われている」ことに逆上した彼女は、恋愛遊戯で結ばれた盟友だったはずの彼に宣戦布告の手紙を突きつけ、自分を裏切ったあてつけに、若い騎士ダンスニーを誘惑する。そして嫉妬の狂気にかられた彼女は、友人面したヴァルモンがダンスニーの若い恋人セシルの処女を裏で奪っていたことを、彼に告げてしまう。怒り狂ったダンスニーはヴァルモンに決闘を申し込み、結局ヴァルモンは殺され、しかし今わの際にすべてはメルトイユ夫人の差し金であったことを暴露する。夫人の悪事は瞬く間に社交界に知れ渡り、彼女はそこから放逐され、そして天然痘に蝕まれて醜悪な姿と成り果てて死んでいく……。

危なっかしいが優雅なロココ風の恋愛遊戯が、そこに「心」が介在し始めた途端に、凄まじい暴力の焰となってすべてを焼き尽くしてしまうのだ。この小説の最後の数十ページは、読む者の心を凍りつかせずにはおかない。

パートナー交換のドラマ（3）――ゲーテの場合

既に一九世紀に入ってからの作品ではあるが、パートナー交換の主題をめぐる最も哲学的な思索の一つが、ゲーテの長篇小説『親和力』（一八〇九年）である。主役は《コシ》と同じ二組の男女。貴族の夫婦と、夫エードゥアルトの友人と、妻シャルロッテの若い姪の四人が、ひょんなことで一つ屋根の下で暮らし始める。夫婦はそれなりに仲睦まじいのだが、やがて夫は妻の姪に、妻は夫の友人に、それぞれ強く惹かれ始める。ラクロの登場人物と違って、ゲーテ作品の主人公たちは皆真面目であり、決して婚外の関係をもつには至らない。しかしここには、ラクロよりもさらに陰惨な結末が待っている。

ある日この夫婦は一夜を共にする。ただし彼らがその最中に激しく焦がれるのは、パートナー（夫／妻）ではなく、そこにはいない彼らの意中の人（つまり夫にとっては妻の姪、妻にとっては夫の友人）だ。この結果として妻が妊娠し出産した子供は、何と夫婦のどちらにもまったく似ていない。この赤ん坊は、行為の最中に夫婦がそれぞれ想いを馳せていた男女の子供としか思えないような顔をしているのである。間もなくこの子は妻の姪の手違いで湖に溺れて死んでしまい、後を追うように姪が、そして夫が、衰弱しながら死んでいく。こうして二人は同じ墓に葬られ、そこで初めて一つに結ばれることになる。これはほとんどドイツ・ロマン派の神秘主義や《トリスタンとイゾルデ》の「愛の死」を連想させる作品である。「パートナー交換」の主題は、プラトニックな愛に純化されることでもって何らかの調停を見出すのではなく、ますます破滅的なものになっていく。

なお『親和力』というタイトルは、主人公たちの次のやりとりからも分かるように、男と女の関係を化学反応に譬えたものである。[12]

シャルロッテ「残念なことには、二人の人の間の決して解けることのないと見えた心からの結びつきが、第三者がたまたま混ざったばかりにこわれてしまい、最初そんなにも美しく結び合っていた二人のうちの一人が、行き先とてない彼方へ追いやられてしまう——残念なことには、そうした実例を私は幾つも見て居りますのよ」。

エードゥアルト「その点に関してなら、化学者たちの方がずっと粋だよ（中略）そこに四人目を仲間入りさせて、誰も、ひとり空しく立ち去らずに済むようにするからね」。

大尉（夫の友人）「そうなのです！（中略）そういう反応例が、確かにもっとも重要でもあり、もっとも注目すべきものでもあるのです。ここにおいては、相互引力と親和性、あの離脱と結合が、いわば十字に交差する形で、ありありと表現されます。今まで二つずつ結びついていた四つの物質が、一緒に接触することによって各々今までの結合から離脱し、改めて新しい相手と結び合うのです」。

そして大尉は会話の最後に、話を次のように要約する。「記号によって、話を短くまとめてみましょう。一つのAなるものを想像してみて下さい。AはBと心から結ばれ、いろいろな手段、さまざまの外力をもってしても、切り離すことはできません。更に、Dとの間に同様の関係を持つCなるものを想像して下さい。さて、この二組の結合体が互いに触れ合う——。と、AはDに、CはBに身を投げかける。そして、その四者のどれがまず相手を捨てたか、どれが最初に新しい相手と結び合ったか——それを言うことはできないのです」。これはほとんど《コシ》の筋書きそのままである。

「こんなものさ……!」の人間愛

一方にマリヴォーの幸福、他方にラクロやゲーテの破滅。前置きが少し長くなったが、「パートナー交換」の主題系列にあって、二つの極の間の奇跡的な均衡点に位置しているのが、モーツァルトの《コシ・ファン・トゥッテ》である。これを理解するには、モーツァルトによる声のキャスティングを分析してみるのが近道だ。

何度もいうように、モーツァルトのオペラ・ブッファでは常に、二組の男女が主人公となる。真面目な貴族のカップルではテノールと第一ソプラノが、庶民的でお茶目なカップル(召使)ではコミカルなバリトンと第二ソプラノが、それぞれコンビを組むことが多い。当時のイタリアのオペラ業界用語に従えば、前者は「セリア役(parti serie)」、後者は「ブッフォ役(parti buffe)」ということになる。

では《コシ》のキャスティングはどうなっているか?テノールが歌う純情なフェランド(セリア)の恋人は、おきゃんでコケットな妹ドラベラ(ブッフォ)。それに対して、バリトンの歌うコミカルで少々助平なグリエルモ(ブッフォ)の恋人は、生真面目な姉フィオルディリージ(セリア)。驚くべきことにここではそもそも、通常のオペラ・ブッファのカップル類型がねじれた形で――いわば真面目組とお茶目組とがたすきがけになって――婚約が成立しているのである。要するにこれは、《魔笛》でいえばタミーノがパパゲーナと、パミーナがパパゲーノと対になっているようなものだ。あるいは《ドン・ジョヴァンニ》でいえば、ドン・オッターヴィオがツェルリーナと、ドンナ・アンナがマゼットと婚約しているようなものである。つまり登場人物たちは最初、「相性の悪い」相手と婚約していて、パートナー交換のお遊びをすることで初めて、本来の「相性のいい」正常なカップリングになるのである。このねじれに一体どうやって落としどころを見つけるのか？

その貞操を疑うことがなかった自分の恋人たちがどちらも陥落してしまった事実に直面し、絶望のあまり言葉を失っている男たちに向かって、ドン・アルフォンソが短いアリアを歌う。既に引用した「心の必然性」という言葉が出てくる、第二幕の第三〇番である。これを締めくくるのは、二度繰り返される「コシ・ファン・トゥッテ」という言葉だ。これとまったく同じ音型が、序曲の始まりと終わりでも非常に印象的な形でゆっくり鳴り響くから、このモチーフはオペラ全体のエンブレムのようなものであって、作品の究極のモットーとして注意深く分析する必要があるだろう。

最初の「コシ・ファン・トゥッテ」のセリフは、ドン・アルフォンソ一人で、声を潜めて歌われる。「コ・シ・ファン」までは一音節ずつ区切って、思わせぶりに。そして「トゥーッテ……？」のところでは、ロマンチックで切ないハーモニーが加わる。この響きの哀愁は、《フィガロの結婚》第四幕、スザンナが伯爵とあずまやに消えていくのを見たフィガロが茫然自失となる、あのホルンの場面とそっくりである。確かにあると信じた人間関係が、夢のように消えていってしまった絶望が蘇る。大きな大きなクエスチョンマーク。

しかしモーツァルトは、いつもそうだが、結局はメランコリーを撤回する。この最初の「コシ・ファン・トゥッテ……？」に応えるのは、二度目の、若い男たちも加わって力強く歌われる肯定の「コ！シ！ファン！トゥーッテ！！」だ。アルフォンソは意気消沈している若い男たちをうながし、「めげることはない、世の中そんなものさ！」とばかりに、元気よく同じセリフを唱和させるのである。音楽は長調に転じており、型どおりのカデンツが高らかに響く。「型どおり」というところがみそだ。カデンツとは調性音楽の締めくくりに必ず使われる「シレソ→ドミソ」の和声進行であり、いわゆる「しゃんしゃん」のようなものだと思えばいい。予定調和の「型」なのである。にっちもさっちも行かなくなったときは、つべこべいわず「世の中こんなもの！」と潔く認め、「これでいいのさ！」と肯定しなくてはならないのである。

かくして男三人が退場すると、きらめくような幸福なセレナーデが響いてきて、結婚式が始まる。ドン・アルフォンソは、このまま彼らに盛大な祝宴を挙げさせる気だ。底意地の悪いたくらみではある。だが「コシ・ファン・トゥッテ（世の中こんなもんか）」の苦い認識から、この結婚式のセレナーデへの移行こそ、私には《コシ》の最も感動的な瞬間であると思われる。あるかないか分かりもしない貞操とやらに固執したりしても、不幸になるだけだ。本当に女性は皆こんなことをするの……? そう! 皆こういうことをする、例外なんてない! 世の中はそんなもの。皆がそうすると思えば苦しむこともない。勘違いでもいいじゃないか! 心からそう思えた瞬間にこそ、一見節操なく見える「こんなものさ」が、究極のヒューマニズムに転じるのである。

礼節の弁証法

モーツァルトのフィナーレは、どれも例外なく、次のようなプロセスを辿る。つまり定型的なフィナーレを一度疑い、場合によっては破壊してしまっておいてから、無効を宣言されたはずの型どおりのハッピーエンドでもって、幕を閉じるのだ。「悪いやつをやっつけるヒーロー」だったはずのベルモンテを、進退窮まる悲劇的な状況に追い詰めておいてから、最後に予想外の「めでたしめでたし」をもってくる《後宮からの逃走》。「奥方、赦せ!」による型どおりの和解に巨大なクエスチョンマークを付してから、夢のようなハッピーエンドで終わる《フィガロの結婚》。勧善懲悪的な「こらしめ」が前提とする予定調和の秩序を粉砕した後で、「悪事の果てはこの通り」の決まり文句をもってくる《ドン・ジョヴァンニ》。すべてそうだ。《コシ・ファン・トゥッテ》も例外ではない。男たちを絶望のどん底に突き落としておいてから、「世の中そんなものさ」と予定調和的な和解を約束するのである。

伝統的な「型」を一度壊して（あるいは括弧に入れて）から復元するという思考プロセスが、ゲーテやカントにしばしば見られることに着目したアドルノは、それが一八世紀末の封建社会から市民社会への移行期のみに可能だった現象だとし、それを「礼節《タクト》」という概念で説明しようとする[13]。「礼節には厳密に歴史上の時が与えられているのである。それはブルジョア階級の個人が絶対主義の桎梏を脱け出した時である。このとき個人は自由と孤独のうちに各自の責任を担わなければならなかった。しかし他方では絶対主義の下で発達したヒエラルヒーに基づく礼譲のしきたりが、その経済的な基盤や威圧的な力を失いながらもまだ残存していて、特権的なグループの中での社会生活を耐え易いものにしていた」。

宮廷社会の厳格なふるまいの作法は、もはやかつての有無を言わせない拘束力を失い、そこに個人が主観のままふるまうことが出来る自由な空間が生まれる。だが儀礼という距離がなくなり、自由社会において剥き出しの個人と個人が裸のままで接触し、摩擦が生じそうになるとき、その間の快適なクッションとして機能するのがまさに、宮廷社会に由来する諸々の礼節の型である。例えばイギリスのジェントルマンたちの、お天気についての会話を思い出してもいいだろう。別に内容があるわけではない、文字通り「型どおりの会話」ではある。しかし他人同士で何も話すことがないとき、あるいは隣人との関係に思わず角が立ちそうになったとき、こうした「ふるまいの型」が存在していれば、お互いスマートに摩擦を回避し、気持ちよく言葉を交わすことが出来るだろう。アドルノはそこに、「絶対主義と自由主義の間の一種逆接的な均衡状態」を見るのだ。

アドルノによればこうした態度は、「［ゲーテの］『ヴィルヘルム・マイスター』のなかだけでなく、伝統的な作曲様式に対するベートーヴェンの態度にも、さらには論理の領域に立ち入って、客観的な拘束力をもつ諸理念を主観的に再建しようとしたカントの試みにも、ひとしく認められる」。彼が例として挙げるのは、「ベートーヴェンにおけるダイナミックな展開部のあとの定石通りの再現部《レプリーゼ》、カントによる意識の統一からのスコラ的カテゴリーの演繹など」である（なおベートーヴェンの再現部についてのアドルノの意見はややぶれていて、別の箇所ではそれを押しつけがましいイデオロギーとして批判したりもしているのだが）。

アドルノのレトリックの冴えはヴィルトゥオーソの域に達している。彼いわく、ベートーヴェンの再現部やカントによる演繹は、「礼節に叶っている」(taktvoll)。そして「礼節の前提は、それ自体において破綻を来たしながら現になお行われている因襲《コンヴェンション》である」というのである。面白いことにドイツ語のTaktには、「礼節」だけでなく、「思いやり」あるいは「機転」という意味が含まれている。これが単なる形式的な「因襲」(Konvention)との違いだ。そもそも宮廷社会のしきたりは、当時既に破綻を来たしつつあった。こうした型どおりのふるまいの因襲を、単に決まりどおりに遂行するのではなく、状況に応じて当意即妙の機転を利かせ、そして最終的には他人に対する思いやりをもって、敢えて踏襲することを、つまり「敢えて型どおりにふるまう」ことを、アドルノは「礼節に叶った」と呼んでいるのである。

ふるまいの作法を無視して心が命ずるまま自由にふるまうことは、容易に「思いやりのなさ／無遠慮（taktlos = Takt がない）」に転じてしまう。それ自体にたいした意味はなくとも、作法は守るべきもの。他人との距離はきちんととらなければならない。だが馴れ馴れしくならず、かといって型どおりでも冷淡でもなく、親しげだけれども、決して無作法にはならないようにして、「こんにちは、いいお天気ですね」を言うのは、もとよりそんなに簡単なことではない。けれども、まさにこうした「こんにちは」を言えることこそが、市民社会における礼節を知った大人のふるまいの条件なのだ。

右の引用の中にモーツァルトの名前は出てこない。しかしアドルノがここで、ゲーテやカントやベートーヴェンと並べて、モーツァルトを意識していたであろうことは、ベートーヴェンを論じたメモにおける次の記述からも明らかである。「歴史哲学的にみるなら、モーツァルトの独自性をなしているのは、音楽の宮廷的で儀礼的な本質、つまり『絶対主義的な』本質が、市民的主観性と均衡を保っていることである。モーツァルトの成功を決定している点は、おそらくこのへんにあるように思われる。ゲーテ［＝『ヴィルヘルム・マイスター』］との密接な関係[14]」。また《ドン・ジョヴァンニ》のツェルリーナを論じた有名なエッセイには、次のようにある。「ツェルリーナの音楽の響きは、さながらあけはなした両開きの窓から、一八世紀の白と金色に輝く広間に流れ入って行くかのようである。彼女はまだアリアを歌っている。しかしその旋律はすでにリートである。それは、そのほのかな息吹きによって格式ばった制度の呪縛を脱し、しかもなお色褪せて行く様式のもとに身を潜め、さまざまな形式につつまれている自然なのだ。ツェルリーナの姿のうちには、ロココと革命のリズムが停滞している。彼女はもはや羊飼いの娘ではないが、まだ女性市民《シトワイエンヌ》ではない。両者の中間の歴史的瞬間に彼女は属しており、封建社会の圧制に損なわれることもなく市民社会の野蛮からも守られている人間性が、ほんのつかのま、彼女において輝き出るのである」[15]。

実際モーツァルトのオペラには、まさに「taktvoll な」＝「礼節に叶っていて、機転が利いていて、思いやりにあふれた」ドラマの転回点が、しばしば見られる。《フィガロの結婚》の大詰めで、宗教音楽のような響きが、ややあってから輝くハッピーエンドへ転じる、あの息を呑む一瞬。そして何より、この《コシ・ファン・トゥッテ》の大詰めにおいて、茫然自失が「まあこんなもんさ！」の晴れやかな肯定へと転じる、幸せな不意打ち。型どおりといえばそうだが、ちょっと意外で、ウィットに富んでいて、限りない人間愛の微笑を湛えたこれらの場面転換こそ、モーツァルト・オペラにおける最も幸福な瞬間に数えられるはずである。

幸福の喜劇でもメロドラマ悲劇でもなく……

幸福な喜劇の天才マリヴォーなら恐らく、相手を交換したこのカップルのまま、何とか最後の大団円に収まる筋立てを見出したことだろう。例えば「実はフェランドは王子様でグリエルモは臣下の息子、そしてフィオルディリージはお姫様でドラベラはその妹として育てられた農夫の娘だったと最後に判明する」といったオチをつければ、十分に幸せな結末は作れたはずだ。ドン・アルフォンソにうながされて、男たちは「コシ・ファン・トゥッテ」を認めた。許すことにしたのだ。続く結婚式における彼女たちの晴れがましい笑顔を見ていれば、本当のことを知らせず、このままそっとしておいてあげたくなる。しかし、こういうときほど冷酷なリアリストになるのが、モーツァルトである。《後宮からの逃走》でもそうだったが、「お芝居」では済まない地点にまで登場人物たちを追い詰めないと、彼は気がすまない。結婚に胸を高鳴らせ、セレナーデの響きに酔い、幸福に包まれている二人の若い女性に真実をつきつけることを、彼はためらわない。

結婚式の最中、まさに彼女たちが公証人（実は侍女デスピーナ）の立会いで結婚契約書に署名しようとしたその瞬間、男たちが正体を現す。顔色をなくし茫然自失となる姉妹。そして不貞をなじって荒れ狂う男二人。彼らはやはり恋人たちの浮気を赦してはいなかった。「コシ・ファン・トゥッテ」と口では言ってみせても、「こんなものさ」と割り切ることが出来ず、どうしてもなじらずにはおれなかった。たとえ男たちがここで、ウェルテルのようにピストル自殺したとしても、あるいは《カルメン》のドン・ホセのように恋人を刺し殺したとしても、不思議ではない。ラクロやゲーテもそうだったが、心の真実を追求しすぎるあまりモーツァルトは、遊戯愛を逸脱して愛の死へと一歩踏み出しそうになる。「もはやお芝居でなくなってしまったお芝居」は、一体どちらに転ぶのか？

ラクロにあっては遊びが本気になってしまうし、ゲーテの主人公たちは社会的には許されない関係の中に真実を見出してしまう。同じように《コシ》の男女は、遊びの中で本来の相手を見出す。この「心と社会のねじれ」をさらに一歩進めれば、ロマン派のメロドラマは目の前である。『トリスタンとイゾルデ』、『ボヴァリー夫人』、『アンナ・カレーニナ』、果ては二〇世紀のものであるが『チャタレイ夫人の恋人』に至るまで、一九世紀以後の近代市民社会は、こうした「社会に背いて愛に殉じる」物語が大好きだった。

《コシ》が一八世紀喜劇と一九世紀のメロドラマ悲劇の中間に位置していることは、ゲーテの比較的初期の作品である『シュテラ』（一七七五年）という劇を隣に置いてみれば、よく分かる。[16] あらすじは次の通り。妻と娘を捨てて旅に出た主人公フェルナンドは、ある街で新しい恋人のシュテラと待ち合わせている。ところが彼女との再会の歓びも束の間、シュテラの友人ゾンマー夫人が、実は彼の元の妻チェチーリエであることが分かる。彼女への愛情が再び蘇ったフェルナンドは、三角関係の中でにっちもさっちも行かなくなるが、妻の提案で、結局二人の女性は彼を共有することに、つまり「とても幸せに、一つの家、一つの床、一つのお墓に入ること」になって、ほろ苦いが少し喜劇的なハッピーエンドとなる。パートナー交換という主題の点でも、「そんなものさ」とすべてをありのままに受け入れる主題処理の点でも、《コシ》との類似は明らかだろう。ところがこの初版について「二重結婚」という激しい批判を受けたゲーテは、後の改稿（一八〇六年）において何と、絶望したフェルナンドがピストル自殺を遂げ、シュテラも毒を飲んで死ぬという、メロドラマ悲劇風の結末に変更してしまった。『シュテラ』と同じように、モーツァルトの《コシ・ファン・トゥッテ》もまた、少し気まずいハッピーエンドであれ、悲劇的な愛の死であれ、そのどちらで終わってもおかしくないドラマだということが分かるだろう。もしモーツァルトが一九世紀まで生きていたとしたら、ゲーテと同じように、《コシ》の結末を悲劇に変更したかもしれない。

だが愛の死は、それでもやはり、一八世紀ナポリの陽光には似合うまい。それに何よりモーツァルトは、《後宮》でもそうだったが、「愛の死によってヒーローになる」という逃げ道を許さない。どんなことがあろうと、微笑んで明日を生きなくてはならない。幸福な結婚幻想もだめだが、メロドラマのヒロイズムはもっとだめ……。

かくして《コシ》の恋人たちは、最後の最後でドン・アルフォンソによって半ば強制的に和解させられ、何かすっきりとは割り切れないものを感じつつ、それでも微笑みながら元の鞘に戻る。型どおりのハッピーエンドを崩しては組み立て、さらにもう一度崩してから、最後に再び人々をそれに従わせるのだ。これほどうがったオペラの終わりを書いた作曲家は、モーツァルト以外にはいない。

オペラの小説化？

この最後の種明かしの場面をもう少し詳しく見てみよう。これまで見てきたモーツァルト・オペラのフィナーレはいずれも、何か完全には割り切れない一抹の心のひっかかりを残して終わった。《コシ》も例外ではない。「ドラマをまるく収め完結させる」という点では、《ドン・ジョヴァンニ》もそうだったが、《コシ》の種明かしのフィナーレは破綻しているとすらいえる。男たちが正体を現して以後、あれだけ流麗だった音楽が、まったく流れなくなってしまうのだ。

そもそも「無事に帰ってきました」と歌う男たちのユニゾンからして何ともぎこちないのだが、とりわけ興味深いのは、怒り狂う男たちに対して姉妹が赦しを請う箇所である。この「怒りの爆発→哀願」というパターンは、《フィガロ》第四幕でも見られたものだ（ただしこちらではアルマヴィーヴァ伯爵が怒り、そして同じ伯爵が、次の瞬間には赦しを請うのだけれど）。《フィガロ》では「伯爵の怒り→伯爵夫人の登場→伯爵の哀願」の音楽は、何の違和感もなく流れていた。本当に夫人が赦しを与えるかどうか、はらはらどきどきはするが、それでも心の底で通じ合う感情が二人の間にはあるということだろうか。それに対して、《コシ》における男たちの怒りと姉妹の謝罪の楽想は、まるでパッチワークのように並列されているだけである。《ドン・ジョヴァンニ》の地獄落ちとハッピーエンドの間に見られたのと同じ、何の媒介もなされない亀裂。ここにいるのは、人間関係のひび割れを敢えて修復せず、ちぐはぐなまま放置するニヒリストのモーツァルト、《ドン・ジョヴァンニ》以後のモーツァルトである。

それ以後も豊饒なメロスは戻っては来ない。種明かしのところでは、これまでの変装の場面で出てきたテーマが、切れ切れに引用されるのみ。ほとんどレチタティーヴォと大差ない。《ドン・ジョヴァンニ》の冒頭もそうだったが、音楽が演出する幸福のオーラが消滅し、散文的な寒々しい現実がむき出しになってしまうのである。

もちろん最後の最後には再び、型どおりではあるけれど、きらめく「めでたしめでたし」がやってはくる。だが、あそこまでしらけてしまって、そんなに簡単にハッピーエンドに戻れるだろうか？《フィガロ》の締めくくりにおける丹精込めた媒介――「どうなるのかな？　本当に仲直りしたのかな……？――あ！　やっぱり大丈夫だった、よかった！」――は、ここにはない。一番最後のアンサンブル「ものごとのよい面だけを見れる人は幸せ」は、それが優雅に響けば響くほど、いかにも唐突で、もはや容易に収拾がつかない地点にドラマが来てしまっていることを、逆に示唆するのである。

ハッピーエンド目前の地点になると、なぜかモーツァルトはいつも、あわただしくドラマをひっかきまわしてしまう。「まるでお芝居みたいに、最後はみんな幸せになって終わるなんてことが、本当にあっていいんだろうか？　それでは何だかうそ臭くないだろうか？」といった疑念に、急に取り憑かれ始めるように見えるのだ。ドラマが無事完成しそうになると、途端にそれを取り崩したくなる、そんなエキセントリックな破壊衝動が、モーツァルトにはある。最後の最後になって彼は、「本当に皆が互いを赦し合い、心から満足しているんだろうか？」という疑問が頭を離れなくなってしまい、型どおりのピリオドが打てなくなるのである。

『親和力』の中でゲーテが登場人物の一人（主人公たちの友人である伯爵）に語らせる皮肉な言葉は、ハッピーエンドを生理的に回避しようとするモーツァルトの性癖について、何がしかの示唆を与えてくれるかもしれない。「私たちは、地上の事ども、特にまた結婚の結びつきを、とかく非常に長持ちのするものだと考えたがります。この結婚という点に関して言えば、私たちが劇場でいつもくり返し見ている喜劇が私たちをそういう間違った考えに導くのですが、こうした考えはこの世界の本来の歩みとは一致していないのです。喜劇においては結婚は最終目標であり、私たちがそこで見るのは、さまざまな障害で幾幕にもわたって引きのばされたあげく、その願いが実現するまでのいきさつです。その目標が達せられた瞬間、幕が下り、そのあと暫しの満足の思いがこちらの気持に残るという訳です。が、現実界ではそうではありません。そこでは幕のうしろで芝居は続き、幕が再び上がった時そこに現われるのは、もう見たくもなければ聞きたくもない結末なのです」[17]。「人生はドラマではない」という予定調和的なハッピーエンドに対するモーツァルトの忌避の背後にあったのは、この「人生はドラマではない」という認識ではなかっただろうか。

ゲーテが揶揄し、モーツァルトがためらう「閉じたドラマ／絶対的フィナーレ」は、それが悲劇であれ喜劇であれ、本質的に身分社会の産物だといっていい。有無をいわせぬ権威があるからこそ、それが登場した瞬間、あらゆるもつれは瞬時にして解決され、フィナーレがもたらされるのだ。身分秩序が決定的に崩れていく一九世紀にあって、ドラマが文学芸術の中心的ジャンルではなくなり始めるのは、偶然ではない。ドラマは本質的に、幕が下りた瞬間に一つの世界が完成されることを、強く求めるジャンルだ。神やら王やらを持ち出すことが出来なくなって、一体どうやってドラマに真の終止符が打てるというのか？ かくして一九世紀において、劇に代わる文学芸術の中心的ジャンルとして隆盛を極めることになるのが、近代小説である。[18]

劇（あるいは映画）と比べた時の小説の特質は、時間制約がないという点である。小説はいつまでもだらだらと書き続けることが出来る。小説とは本質的に長篇であるともいえるだろう。物語に絶対的な終止符を打ってくれる存在がいなくなった世界、いつまでも続いていく世界、つまり日常世界を描くのに、これほど適した文学ジャンルはない。絶対的な善も絶対的な悪もないのだから、すべては相対化されて、完全な決着はいつまでたっても来ない。ルカーチによれば小説は、「有機体が最終的に消滅してしまったあとで、閉ざされた全体性がもちうる唯一の形式」である。[19] 神／王を中心にヒエラルキー化された世界がなくなった後、世界を一つの閉じた宇宙として文学芸術によって把握する唯一の道が、世に起こる諸々のことすべてを書き尽くす小説という形式だという意味だろうか。伝統的に詩学の三大ジャンルとは劇・抒情詩・叙事詩であったわけだが、「すべてを描きつくす」という点、そして「時間制約がない（いつまでもだらだらと描き続けることが出来る）」という点で、小説と一番似ているのは叙事詩である。しかしホメロスと違って近代世界には、宇宙を司る神の意志は存在しない。つまり小説とは「神の去った世界の叙事詩」[20]なのである。

こういう文脈で眺めるなら、モーツァルトのほぼすべての主要オペラで起こる「フィナーレの非フィナーレ化」という事態は、「オペラの小説化」と言い換えることが出来るかもしれぬ。あのモーツァルト・オペラのメロスの横溢を、近代小説が描く卑近な日常の現実などと一緒にするのは冒瀆だという声は、当然あがるだろう。だが《フィガロ》の幕切れのあっけなさ、《ドン・ジョヴァンニ》のハッピーエンドの平板さ、そして《コシ》の最後の和解のぎこちなさなどはすべて、ゲーテの言葉を借りれば、幕のうしろではこれからもずっと芝居が続いていくことを、実は大胆に示唆しているのではないか。「小説形式はほかのいかなる形式にもまして、先験的な寄るべなさの表現」（ルカーチ）だとすれば[21]、モーツァルトのオペラのフィナーレは確かに、一九世紀のリアリズム小説が描く「寄るべなき」散文世界を先取りしているのだ。

そうはいってもモーツァルトは、いうまでもないだろうが、味気ないリアリズム的日常の上に居直ったりすることは、決してない。モーツァルトをあくまで一八世紀の人として特徴づけるのは、その「微笑み」である。《コシ》の最後で恋愛哲学者ドン・アルフォンソは、茫然自失の恋人たちに向かって、「四人とも今は笑いなさい」と語りかける。心の中でどんなに深く絶望していても、そしてそれを誰のせいにも出来ないとしても、臍《ほぞ》をかんで、まずは微笑まねばならない。たとえぎこちなくとも、たとえ唐突であろうとも、笑わなければ、この上なく優雅に微笑んでみせる礼節の作法を身につけなければならない。優雅＝グラツィオーソ。これほどモーツァルトにふさわしい形容詞があるだろうか。

心を欠いた慇懃な宮廷作法の、単なる微笑の技術でもない。下手をすると暴力に転じてしまいかねないロマン派の情念でもない。心と形を「微笑みの作法」へ向けて弁証法的に転じること。それが《コシ・ファン・トゥッテ》という「恋人たちの学校」で人が学ぶべき、大人になるということなのである。

第六章　清く正しく美しく
《魔笛》と市民社会のイデオロギー

《魔笛》 the Théâtre Lyrique, 1865

最後の年

言うまでもなく《魔笛》は、モーツァルト最後のオペラである。ただし一七九一年のこの作品は、少なくとも一見したところ、《後宮》から《コシ》に至る恋愛オペラの系譜からは、相当に隔たったところに位置しているように思われる。それはウェーバーの《オベロン》のごときメルヘン・オペラともとれるし、無邪気な民衆劇のようにも見え、同時にワーグナーに代表される一九世紀ドイツ・オペラの形而上学の予告とも解釈できよう。いずれにせよここには、セレナーデ響くアンシャン・レジームの宮廷世界も、そこで繰り広げられる典雅な恋愛遊戯も、もはや存在しない。

もちろんジャンルの違いということはあるだろう。ダ・ポンテ台本による三大オペラ（《フィガロ》、《ドン・ジョヴァンニ》、《コシ》）は、宮廷劇場のために書かれた、イタリア様式のオペラ・ブッファだった。《後宮》にしても、ドイツ語で歌われるジングシュピールではあるが、宮廷の依頼によって書かれた作品である。それに対して《魔笛》は、エマヌエル・シカネーダー（一七五一〜一八一二年）という旅回りの興行師が主催する、庶民相手の劇場のために書かれた作品なのだ。《魔笛》において貴族社会的な洗練と官能が背景に退き、砕けた親しみやすい調子と市民的な真面目さが前面に出てくるのは、こうした観客層の違いも大いに関係しているのであろう。

しかしながら、《コシ》までの喜劇オペラと比べたときの《魔笛》の音楽／ドラマ様式の

《魔笛》が初演されたアウフ・デア・ヴィーデン劇場の内部　ボックス席も二階しかない木造の劇場に、庶民がぎゅうぎゅう詰めにされている。

激変を、「観客の社会層に応じた音楽様式の使い分け」といった作曲慣習の問題だけに還元していいはずはあるまい。もしモーツァルトがもう少し長生きしていたとしても、《コシ》のような恋愛遊戯のオペラを書くことは、二度と再びなかったはずである。つまり《魔笛》の真面目さは、以前のブッファ世界には二度ともう戻らない／戻れないという歴史認識の表明ではなかったか。実際《コシ》の前後からウィーンの社会情勢は激変したし、それに伴ってモーツァルトの身辺事情も、《フィガロ》や《ドン・ジョヴァンニ》を書いていた頃とはまるきり変わってしまった。

前章でも述べたように、フランス革命が起きたのが一七八九年夏である。翌一七九〇年一月の《コシ》初演直後の二月二〇日にはヨーゼフ二世が亡くなり、六月に公式の喪があけるまで劇場は閉鎖される。《コシ》はわずか九回再演されただけで、八月には上演を打ち切られた。この頃のオーストリアは対トルコ戦争で疲弊していて、オペラどころではなかったようである。またモーツァルト贔屓だったヨーゼフ二世とは対照的に、彼の後継者レオポルト二世はあまりモーツァルトに関心はなく、ダ・ポンテも彼によってクビにされてしまった。モーツァルトは新皇帝に何とか取り入ろうと、借金してまでフランクフルトで行われた戴冠式に出席したが、そこで一〇月一五日に行った演奏会は何の金にもならなかった。フリーメーソンに対する弾圧も（既に一七八五年頃から始まっていたといわれるが）、フランス革命を煽ったのが彼らだという噂が立ったこともあり、徐々に強化されるようになる。またモーツァルトが誰よりも慕っていたハイドン（モーツァルトは彼を《コシ》初演の試演に招待している）は、ロンドンへ発ってしまった。出発は一二月一五日。その前夜に彼らは夕食をともにしていて、その別れは感動的なものだったといわれる。モーツァルト自身の経済状況は悪化の一途をたどり、一七九〇年にはほとんど作品が書かれていない。いわゆる《プロシャ王弦楽四重奏》の第二番（KV.589）と第三番（KV.590）（五月と六月）、《弦楽五重奏》ニ長調（KV.593）と《アダージョとアレグロ》ヘ短調（KV.594）（ともに一二月）くらいしか残されていないのだ。

この作品数の激減は、彼の顧客がほとんどいなくなってしまっていたことと関係しているのかもしれない。既に一七八九年七月一二日のプフベルクに宛てた手紙には、「私の運命は残念ながら、でもウィーンだけのことですが、私には逆風で、いくら稼ごうと思っても稼げません。私は二週間にわたって予約名簿を回したのですが、そこにはただひとりスヴィーテン、の名前があるだけです！」とある。また一七九〇年五月一七日の手紙でモーツァルトは、次のように書いている。「私の状況は御存知の通りです。つまり――真の友人が見つからなかったので、高利貸からお金を借りなくてはなりませんでした。（中略）今度こそまったくの無一文になってしまいました。（中略）追伸　いま二人の弟子をもっていますが、八人まで増やしたいのです。――私がレッスンを引き受けることをできるだけ広めてください」[1]。この頃モーツァルトとまだつきあいがあったのは、再三借金を申し込んでいるプフベルクなど、もはやフリーメーソン仲間の少数の友人だけだったのだろう[2]。

どういう事情があったのかは不明だが、最後の年になってモーツァルトの状況はかなり好転し始めたようである。既にその前年の一七九〇年九月二八日にフランクフルトから妻へ宛てて書かれた手紙は、モーツァルトの中で何かがふっきれた様子を示唆している。「ぼくは仕事をする――うんと仕事をするぞ。――予期しないことが起きても、二度とあのようなひどい状況に陥らないようにね」[3]（ただしこの直後に彼は、再び陰鬱な調子の手紙を書いてはいるが）。モーツァルト最後の年となる一七九一年は、名作が目白押しだ。一七九一年一月には《ピアノ協奏曲第二七番》変ロ長調（KV.595）が完成。リートの名作「春への憧れ」（KV.596）も同じく一月。二月には《ドイツ舞曲》（KV.605）、五月にはグラスハーモニカのための珠玉の名作《アダージョとロンド》（KV.617）、六月には《アヴェ・ヴェルム・コルプス》（KV.618）。そして七月には、例の正体の知れない黒ずくめの男が訪ねてきて、高額でレクイエム作曲を依頼する。《魔笛》の作曲についていえば、恐らく春から取り掛かり、七月にはほぼ完成していたのではないかといわれている。そして夏はオペラ・セリア《皇帝ティートの慈悲》の作曲に費やし、八月末にウィーンを発って九月六日それをプラハで初演。九月半ばにはウィーンに戻り、序曲と第二幕の僧侶の行進曲を書いて、《魔笛》を完成（九月二八日）。それが初演されたのは九月三〇日である。

初演の反響はたいしたものではなかったともいわれるが、再演のたびに評判は高まっていった。コンスタンツェに宛てた一〇月七日の手紙には、聴衆の反応に対する確かな手応えが興奮とともに語られている。「たったいま、オペラから戻ったところ。――いつものように超満員だった。――第一幕の『男と女は』の二重唱やグロッケンシュピールのところは、例の通りアンコールを求められた。――それから第二幕の童子たちの三重唱も同様だった。――でも、いちばんぼくがうれしいのは、静かな賛同だ！――このオペラの評価が、日ごとに高まっていくのがよく分かる[4]」。静かな賛同――静かに音楽に耳を傾けてくれる聴衆。慇懃で、底意地が悪くて、オペラ観劇を高級な暇つぶしくらいにしか思っていない宮廷人とは決定的に違う、新しい聴衆。《魔笛》においてモーツァルトは、彼が希求した新しい時代のオペラのありようを、ついに探り当てたように見える。

転向の物語としての《魔笛》

まずは、これまで再三議論されてきた《魔笛》のあらすじを、ごく簡単に紹介しておこう。王子タミーノは巨大な蛇に襲われそうになったところを、夜の女王の三人の侍女に助けてもらう。女王は最愛の娘パミーナを悪人ザラストロにさらわれ、悲嘆にくれている。タミーノは女王から魔法の笛を授かり、鳥刺しパパゲーノとともに、パミーナ救出の旅に出る。ところが神殿で出会ったザラストロは、女王がいうような悪党どころか、威厳に満ちた賢者だった。女王こそ悪であると教えられたタミーノは、愛するパミーナを得るべく、この神殿でザラストロ率いる教団の試練の儀式に挑む。やがて夜の女王は闇の世界へ落とされ、タミーノはパミーナとともに火と水の試練に耐え、清められて、歓呼のうちに光あふれる美と叡智の神殿に迎えられる。

シカネーダーがモーツァルトと相談しながら書いたといわれるこの台本を、ある人は支離滅裂なメルヘンと非難し、ある人は象徴劇として解釈しようとし、ある人はそこにフリーメーソン思想の刻印を見出そうとしてきた。これらの解釈はどれもそれなりに興味深いものではあるが、あまり深入りしすぎると、「恋愛五部作の中での《魔笛》の位置」という本来の目的を見失うことにもなりかねない。とはいえ、これらの議論をまったく素通りするわけにもいかないのが、悩ましいところである。ここではまず二点、私の考えを述べておきたい。

まず第一に、少なくともモーツァルトの頭の中では、この台本は間違いなく首尾一貫したものとして構想されていたに違いないということ。これまで見てきたように彼は、文芸批評家のような意味での「精緻な読み」とは性格が違うにしろ、台本に非常にこだわる人間だった。そんな彼が、《魔笛》の場合のみ、台本に無頓着だったとは考えられない。

そして第二に、《魔笛》を一貫したドラマとして理解するための予備知識——同時代人にとっては自明であったに違いない多くの知識——が、われわれにはもはや分からなくなっているということ。そもそも民衆劇は時事的な話題についての「ギャグ」を生命とするものである。今日の人間には謎めいたヒエログリフのように見える箇所が、同時代の観客にはバカ受けしたかもしれないのだ。《魔笛》台本には、それこそ古代エジプトの文書のように、あちこちで解読不能の欠損部分が出来てしまっている。特に私が気になるのは、セリフの部分が総じて破格に長いことである。聴衆に受けもしない話題を、これほど延々としゃべり続けるなどということが、民衆劇で考えられるだろうか？　これらのセリフは絶え間なしに、聴衆のしたり顔やしかめっ面や爆笑を誘ったはずだ。

こうした同時代的文脈の中で最も重要なのは、やはりフリーメーソンとの関係だろう。本当はこの迷宮に深入りしたくはないのだが、第二幕はあからさまに入会儀式そのものであるし、それ以外にも、フリーメーソンのことを少しでも知っている者なら、すぐにピンとくるような箇所が相当にあっただろう。例えば第一幕第五場のタミーノと三人の侍女との会話で、ザラストロが再三「悪人」として名指されるが、この Bösewicht という言葉は、当時

フリーメーソンの儀式（一部）　着席者の右端がモーツァルト、その左隣でひそひそ話に耳を傾けているのはシカネーダーだといわれている。

のカトリック教会ではプロテスタントやフリーメーソンや啓蒙主義者や異端主義者を意味したという[5]。あるいは第二幕第一場における弁者とザラストロの会話。タミーノに試練を受ける資格があるかどうかを決める賢者の会議で、「だが彼は王子だ！」と難詰するような調子でいう弁者に対して、ザラストロは「だが彼はそれ以上に人間だ！」と切り返す。この会話など、体制転覆を謀るジャコバン主義者の容疑で警察にひっぱられても不思議ではないような、危険発言だったはずである。近年になってカントやゲーテといった啓蒙主義者とフリーメーソンとの関係についての新資料が大量に発掘され、この分野についての研究が飛躍的に進んだと聞くが、《魔笛》解釈においてもこうしたアプローチは、有効であるという以上に、必要不可欠であるだろう。

とはいえ、もし《魔笛》がこうした「テクストの外」を参照しない限り理解できないような作品であったなら、これほど多くの人を魅了することはなかっただろうし、そもそもフリーメーソンなど知らずとも、テクスト内在的に読み取れる確かな事柄はたくさんある。最初に確認しておきたいのは、《魔笛》は「転向の物語」として読まねばならない、それ以外に読みようがないということである。

古くから《魔笛》を解釈しようとする者を悩ませてきたのは、第一幕と第二幕の間の筋のねじれである。第一幕では悪者だったはずのザラストロが、第二幕では正義の味方となり、逆に第一幕では善だったはずの夜の女王が、第二幕では悪の象徴として描かれるという問題である。しかしながら、ことこの点に関していえば、私は《魔笛》を初めて知ったとき以来、それを不自然だと思ったためしがない。ザラストロを悪人呼ばわりしているのは、彼と対立している夜の女王。そしてザラストロの方は、彼女こそが悪の源と言う。互いに相手を非難し合っている二つの権威がある。何もおかしいところはない。そして最初は一方の権威を信奉していた主人公タミーノが、後にもう一方の権威へと転向する。まったくシンプルな話ではないか。これが《魔笛》の筋の基本構造なのである。

セレナーデからコラールへの改宗

では一体タミーノたちは、何から何へ転向（改宗といってもいいし、そこに一種の教養小説《ビルドゥングスロマン》的な成長の過程を見ることも可能だろう）するのか？　答えは比較的簡単に見出せるはずだ。母権から父権へ。魔法が支配する闇から理性が司る光へ。女王の支配する宮廷社会から啓蒙主義者たちに導かれる市民社会へ。つまり旧体制から近代へ。これが最も妥当な解釈だろう。初演からわずか四年後の一七九五年にロンドンで出版された、ウィーンの宮廷の官吏によると思われる『オーストリア国におけるジャコバン主義者の陰謀組織の歴史』は、このオペラが革命を暗示するものであるとし、ザラストロは啓蒙的な立法の叡智を、夜の女王はルイ一六世の治世をあらわすものとしている[6]。同時代人にはこれが、旧体制からの脱出の物語であることがすぐに分かったのだ。

　だが何よりも重要なのは、この台本をモーツァルトがいかに理解したかを、音楽そのものに即して検証することだろう。音楽を抜きにして台本だけ眺めていても埒はあかない。しかし幸いなことに、ここでも答えは比較的簡単に見つかる。宮廷的音楽文化から市民的音楽文化へ。《魔笛》は、音楽的にもまた、一種「改宗」の物語である。

《コシ》までのオペラと比べたときの、《魔笛》の際立った音楽的特徴は、これまでのモーツァルトのブッファを鮮やかに彩ってきたセレナーデの響きが、ほとんどといっていいくらい現れないという事実である。その残響がかすかにこだましているのは、後で述べる序曲のヴァイオリンによる主題の流麗さ、そして三人の侍女の魅力的な音楽の中においてのみだ。第一幕で彼女らがタミーノを奪い合う場面、あるいは魔法の笛と鈴を渡す場面において、その背後で響くヴァイオリンや木管の刺繍のようなフレーズの、何という鮮やかさ。これらは、女性のコケットな気紛れを描く際に、決まってモーツァルトが用いていた音型である。女王の侍女、つまり女官。ロココの宮廷女性の残り香が、かろうじて彼女らの音楽の中にのみ残っているのである（クレンペラーは一九六四年の《魔笛》の録音に際して、シュヴァルツコップ、ルードヴィッヒ、ヘフゲンという、女性陣の中で最も高名な三人の歌手に侍女を歌わせているが、これはこの役の音楽的重要性に鑑みてのことだったと思われる）。

旧体制をただ一人音楽的に具現する孤高の人は、夜の女王である。彼女が歌う二つのアリアは、バロックのオペラ・セリアの世界そのものだ。第二章でも述べたように、コロラトゥーラの金切り声で叫ぶ女性は、モーツァルトのブッファにおいては、大仰な身振りで怒り狂う少々時代錯誤の宮廷婦人といった役どころを与えられることが多い。《ドン・ジョヴァンニ》のエルヴィーラや《コシ・ファン・トゥッテ》のフィオルディリージは、その典型である。またモーツァルトのセリアにおいては、こうした女性はしばしば「柔和で控えめで優しい女性」と対置させられる。《イドメネオ》におけるエレットラとイリア、そして《皇帝ティートの慈悲》におけるヴィテリアとセルヴィリアが、その好例である。

興味深いことに、こうした対照的な性格をもつ二人の女性は、一八世紀後半の演劇においてもしばしば見られる。例えばレッシングの『エミーリア・ガロッティ』[7]。主人公エミーリアは、清らかで柔和で敬虔で、貞操と結婚を何より尊ぶ、道徳的な近代女性である。それに対して、狂乱の中で一歩も引かず男性と渡り合うオルシーナ伯爵夫人は、芝居がかった大仰なレトリックの駆使によって、典型的なバロック風の「復讐する女」として描かれる。また『ミス・サラ・サンプソン』においても、父に大切に育てられている清らかな乙女サラが、

「この愛を永遠に後世に残すのは、わたしの残忍さだ。復讐のためにわが子を切り裂いた王女メディアを思い出すがいい、われこそが、現代の新しきメディアと思い知れ！」と叫ぶ愛妾マーウッドと対置される。

一八世紀演劇におけるこうした王女メディア的女性について、エミール・シュタイガーは「荒れ狂う女性は今や、脇役としてのみ許容されるようになった」、「中心となるのは、感じやすい（rührend）同情を誘う女性像が占めるようになる」と述べている。(8) 既に《ドン・ジョヴァンニ》においても、怒り狂うドンナ・エルヴィーラと「感じやすく同情を誘う」ドンナ・アンナという形でもって、この二つの対照的な女性類型が描かれていた。《魔笛》においては、夜の女王が神話的・メディア的な女性を、娘のパミーナが近代市民好みの慎ましい家庭婦人を、それぞれ象徴していることは、いうまでもないだろう。

音楽に話を戻すと、《魔笛》においてセリアやセレナーデといった宮廷音楽的な響きがする箇所は、そう多くはない。このオペラを聴く者にとって最も印象に残るのは、何といってもパパゲーノに代表される民謡（リート）風の音楽であり、そして何より、ザラストロの神殿を司るコラール風の響きであるはずだ。とりわけ第二幕は、パパゲーノの箇所を除けばほとんどすべて、コラール風の音楽でできているといっても過言ではない。オルガンのような荘重な響き、深々としたバスの説法、素朴で穏やかな旋律、そして時としてカノン――《魔笛》におけるザラストロの美と叡智の神殿を音楽的に特徴づけるのは……バッハ的な音楽様式なのである！

バロック時代において、カトリック圏のオーストリアとプロテスタント圏の北ドイツでは、まったく異なった音楽文化が栄えた。オーストリアのそれを特徴づけるのは、流麗で甘く優美なイタリア風の宮廷音楽である。それに対して王侯の支配が弱い北ドイツでは、堅実な市民に支えられた教会を中心とする音楽が発展した。フーガと並んでコラールは、この北ドイツの音楽様式を代表するものである。コラールとはプロテスタント教会における聖歌であり、誰でもすぐ口ずさめる民謡風の旋律と深々としたハーモニーの感覚が、その特徴だ。正式のコラールではないにせよ、有名な「きよしこの夜」などを思い浮かべてもいいだろう。

それまでのモーツァルト・オペラと比べ目立って合唱を多用する《魔笛》との関連でいえば、「合唱に向いている」というのも、コラールの重要な音楽上の特徴である。特殊な技巧を多用するイタリア風のオペラ旋律は、あくまで高度な専門教育を受けた独唱歌手のためのものだ。それが象徴するのは、舞台に一人で君臨する王者の世界だといってもいい。それに対してコラールは、皆で声を合わせ、暖かいハーモニーの共鳴の中に友愛を再確認する、そういう音楽なのである。

モーツァルトがこうしたプロテスタント的な音楽を書いた例は、そう多くはない。その最初期の例は、私の知る限り、一七八六年初演の合唱つき歌曲「今日こそ浸ろう、親愛なる兄弟よ」（KV.483）と「新しい指導者である君たちよ」（KV.484）である。興味深いことにこれらは、どちらもフリーメーソンのために書かれた曲だ。イタリア風の音楽が表象する宮廷（王権）／カトリック的世界から、フリーメーソン的な兄弟愛を差異づけるべく用いられたのが、プロテスタントのコラール風の合唱音楽様式だったのである。

《魔笛》におけるモーツァルトの、「イタリアから北ドイツへ」という音楽的改宗のきっかけとなったのは、恐らく一七八九年のベルリン旅行だろう。その途上で彼はライプチッヒに立ち寄って、バッハがカントール（楽長）をしていた聖トーマス教会のオルガンを弾くなどしているから、プロテスタントの音楽文化にかなり親しんだと思われる。この旅行の痕跡は《魔笛》にはっきり認められるのであって、第二幕第二八場の鎧を着た二人の男が歌うカノンの旋律は、一六世紀に出来たコラールの引用である。これはモーツァルトがライプチッヒで知って魅了されたといわれるバッハの《モテット第三番》「イエスよ、わが歓び」（BWV.227）にも含まれているもので（コラール第五節「いざさらば世の選び取りし」）、彼はそれをモデルにしたのではないかともいわれている。[9]

《魔笛》においては、特権的な歌手のためのコロラトゥーラ・アリアという「音楽における絶対王政」を象徴するのは夜の女王ただ一人であり、総じて民謡（リート）やコラール（合唱）という民主主義的な音楽様式が支配している。象徴的なのは第二幕のフィナーレだ。第一幕フィナーレでもそうだったが、これはほとんどオラトリオであり、さらに言えばベートーヴェンの《第九》の予告ではないだろうか。舞台の上にいる全員が、素朴な旋律を皆で声を合わせて歌う、市民社会のための賛歌。独唱歌手は誰一人としてフィナーレでは歌わない。これは「みんなで歌うための音楽」なのである。

「法的に倫理的な愛」としての婚姻

それにしても《魔笛》の主人公たち、とりわけ主人公のタミーノとパミーナは、かつてのモーツァルト・オペラからは信じられないくらい真面目である。特にタミーノは、愛を見事に抑制することを通して、ヒーローとなる。第二幕の試練の場で彼は、沈黙の業を守るべく、まるで誘惑する悪魔でもあるかのようにパミーナを無視し続け、それによって第一の試練を通過するのだ。こんな真面目な男がオペラの主人公になるなど、前代未聞のことだっただろう。《後宮》以来のモーツァルトの恋愛オペラの定番モチーフであった「嫉妬」は、もはや影も形もない。登場人物たちの中で嫉妬にかられるのは、第一幕冒頭で失神しているタミーノを奪い合う三人の侍女と、あとはモノスタトスくらいである。しかし彼女らの恋のさや当てもごくたわいないものであって、嫉妬は《魔笛》において完全に無害化されている。幾分皮肉を込めて「克服された」といってもいいだろう。

一八世紀における「心を通した愛」の発見については、既に述べた。それは未知の歓びの目覚めであると同時に、嫉妬という実存の不安を不可避的に伴うものでもあった。これまでのモーツァルトの恋愛オペラはことごとく、この愛の両義性を主題にしていた。だが《魔笛》に至って、モーツァルト・オペラの「愛」は、次の段階へ進んだように思われうる。それはつまり、「心を通した愛で結ばれながら、それを抑制する術を学び、家を築く礎となす」という段階である。

愛における「心」の強調は、結婚という社会制度の否定へつながりかねない。「心さえ結ばれていれば、法などという世俗的な枠をはめる必要などない」というわけだ。いかに心という内面と婚姻という外面とを媒介するか。当時の人々にとってこれは、今日からは想像もつかない切実な問題だったようである。例えばゲーテは、再三引き合いに出した『親和力』において、結婚はすべからく延長可能な五年契約制にすべきだという、いわば「結婚フリーエージェント制」のようなものを提案している。期間が切れれば、お互いが自分の胸に問うてみて、そして双方が望むならば、再度五年間の結婚契約を結べばいい、そして三度目の契約になって初めて、解消できない形の結婚が可能なようにするべきだというのである。[10]

シュライエルマッハーはさらにラディカルである。彼によれば、通常の意味での結婚とは単なる同居にすぎず、真の婚姻は複数の人格が一つになることなのだ。[11] フィヒテも同様の弁証法的止揚という契機を持ち出す。婚姻は男性の寛容と女性の愛の結合、つまり精神的であると同時に官能的なものであって、夫婦のどちらも「自らの人格を放棄し、相手のそれのみが支配する」ことにより、「心と意志の交換は完璧」となるのである。これら初期ロマン派の哲学者たちの結婚観は、《魔笛》第二幕の有名なパパゲーノとパミーナの二重唱のセリフを連想させずにはおかない。二人は歌う。「愛を感じる男には正しき心も欠けてはいない。甘い愛の本能を感じるのは、女の第一のつとめ」。そして「愛のいと高き目標が指し示すのは、男と女こそ最も高貴なものということ。男と女、女と男は神性の領域にまで至る」。男の正しい心（意志）と女の甘い本能（愛）が結びついたとき、人は神にも等しい高みに達する――こうした男女の結びつきの向こうにあるのは、もちろん「家族」であるだろう。シュレーゲルはいう。「人間性の完璧なる姿を垣間見たければ、家族を求めよ。家族の中では様々な心情が有機的に一つとなり、それ故にそれはすぐれてポエジーなのだ」。心を通した男女の愛は、ポエジーで包まれた聖家族へと止揚されるのである。

愛から弁証法的に家を再構築しようとする思想の最も完成された形は、ヘーゲルの『法の哲学』（一八二一年）に見出すことが出来る。[12] 彼いわく、「婚姻をたんに市民的契約として理解することも未熟な考え方」である。「同じようにしりぞけなくてはならない」のは、「婚姻の本質を愛にしか置かない考え方である。というのは、愛は感情であるから、あらゆる点で偶然性が入り込むのを許すが、偶然性は倫理的なものがとってはならない形態であるからである」。単なる契約結婚もだめだが、愛のみに基づく結婚もまた不安定極まりない。「以上のことからして婚姻は、より正確には、法的に倫理的な愛である、というふうに規定されなければならない。これによって婚姻のうつろいやすい面、気まぐれな面、たんに主観的な面が、婚姻から消え失せるのである」。一八世紀に解放された心を通した男女の結びつきが、ここで再び法律というたがを嵌められることになる。

ヘーゲルによれば、愛の始まりには二種類ある。簡単にいえばお見合いと自由恋愛である。「婚姻の出発点には両極端がある。一つは、優しい両親の計らいがことの起こりになり、愛の合一へと相互に定められようとしている両人格の中に、そう定められているものとして互いに知り合いになることから愛着が生じる場合である。——もう一つは、これらの個人的に無限に特殊化されたものとしての両人格のうちに、まず最初に愛着が現われてくる場合である」。しかしいずれにしても、結婚には心の結びつきが不可欠だ。「しかし客観的出発点は、両人格の自由な同意、詳しくいえば、自分たちの自然的で個別的な人格性を前述の一体性において放棄して一人格を成そうとすることの同意である」。ヘーゲルの口調は、例によってうんざりするほど理屈っぽく、もったいぶっているが、要するに現代のわれわれにとって最も自明な結婚のありようが、ここでは定式化されている。

多分に「反動おやじ」的なところのあるヘーゲルが何より警戒するのは、愛のうつろいやすさに対してである。「前の方の極、言い換えれば総じて結婚しようという決心がことの起こりになって、その結果愛着が生じ、かくて実際の結婚において今や決心と愛着の両者が合一しているという経路、このほうがいっそう倫理的な経路であるとさえみなすことができる。——ところが後の方の極では、無限に特殊的な個人的独自性がうるさい要求をふりまわすのであって、この独自性は現代世界の主体的原理と結びついている」。簡単にいえば「親が決めた相手と結婚した方が安心だが、その場合でも心の結びつきは大切だ」ということである。《魔笛》におけるタミーノもパパゲーノも、ザラストロという「父」の承認を受けた相手（パミーナをタミーノと娶《めあ》わせようとしたのは、もともとは夜の女王だったことが皮肉だが）とそれぞれ結ばれるということは、注目していい。《魔笛》の筋には、ダ・ポンテによるブッファではありえなかったような、父権イデオロギー的なところがあるとすれば、このあたりである。

そして《魔笛》との関連で何より注目すべきは、心で結ばれた一夫一妻制を肯定するヘーゲルの有無を言わせぬ権威主義的な口調、そして彼がそれこそを国家（民族）の基盤と考える点である。「婚姻は本質的に一夫一婦制である。なぜなら婚姻関係に身を置き身を委ねるのは、人格性という直接的な排他的個別性であるからであり、したがって婚姻関係の真実のあり方、真心からのつながりは、ひとえにこの人格性の一身同体となった相互献身からのみ生じるのであるからである」。「婚姻は、そして本質的には一夫一婦制は、共同体の倫理が基礎とする絶対的原理の一つである。だから婚姻制の創設は、神々ないし英雄による建国の事業の諸契機の一つとして挙げられる」。神々ないし英雄による建国の契機としての婚姻！これこそまさに《魔笛》第二幕のフィナーレで起こることに他ならず、一九世紀に入ってベートーヴェンの《フィデリオ》、ウェーバーの《魔弾の射手》、そしてワーグナーの《ニュルンベルクのマイスタージンガー》と、変奏されるたびにますます壮大なドイツ神話となっていくところのものである。

どこがヒーローなのか分からないヒーロー？

それにしても、《コシ》までのあの人間味あふれる悪戯っぽいモーツァルトは、一体どこに行ってしまったのだろう？　パミーナがいくら話しかけてもそっぽを向いてしまうタミーノの冷淡さは、《魔笛》におけるモーツァルトの自画像とすらいえる。パミーナとパパゲーノが「出来て」しまっても、パミーナの方からモノスタトスを誘惑しても、タミーノがパパゲーナに色目を使っても、あるいはパミーナに気があることをザラストロがもっとはっきり口にしてもいいではないか。これまでのモーツァルトなら、もっと縦横無尽に奔放なエロスの糸を結んでは切り離し、切り離しては結んだはずだ。ここに至って彼はすっかり「いい子」になってしまった。

誘惑にすぐ負けてしまう人間的なモーツァルトも、もちろんまだいる。既に引用したコンスタンツェへの一〇月七日の手紙を、もう一度見てみよう。「たったいま、オペラから戻ったところ。――いつものように超満員だった。――第一幕の［パパゲーノとパミーナの］『男と女は』の二重唱やグロッケンシュピールのところ［第二幕のパパゲーノ］は、例の通りアンコールを求められた。――それから第二幕の童子たちの三重唱も同様だった」。《魔笛》における音楽的に最も魅惑的な箇所に対して、初演時の観客が的を外さず実に正確に反応していることには驚かされる。このパパゲーノと三人の童子、そして既に触れた三人の侍女、さらに悪党モノスタトスの中にこそ、昔のモーツァルトはいる。悪戯っぽい微笑みを浮かべ、コケットで少し意地が悪いけれども、陽気で心優しく、この上なく優美なモーツァルトが。だが清く正しい《魔笛》において彼らは、所詮脇役にすぎない。

モーツァルトの十八番である三角関係の構図も、確かにうっすら読み取れるだろう。それはパパゲーノとパミーナの関係である。彼らは本当に仲がいい。よく指摘されることだが、そもそもなぜタミーノのお相手であるパミーナは「パ」ミーナであって、「タ」ミーナではないのか？　しかもパミーナ役はどちらかといえば、スザンナやブロントヒェンを得意とする歌手が歌う役柄である。つまり彼女の相棒は、ペドリルロやフィガロのような召使い、つまりパパゲーノ的な役柄であるのが、本来の声によるキャスティングなのだ。《コシ》と同じねじれがここでも生じている。本当に心が通じ合っているカップルは、実はパパゲーノとパミーナなのである。そもそもパパゲーノとパミーナには、第一幕のあの筆舌に絶する二重唱が与えられているのに対して、タミーノとパパゲーナの間には二重唱らしきものがない。にもかかわらず、このねじれは決して亀裂へと発展することがない、それが《魔笛》である。どんなに仲がよくても、パパゲーノはパミーナに手を出そうとする素振りすらしない。

彼は典型的な「いい人」であって、どれほど「女の子がほしいよう！」と愚痴ろうとも、やはり清くて正しいのだ。もはやエロスが人間関係をずたずたに切り裂くなどということは、《魔笛》では起こらないのである。

《ドン・ジョヴァンニ》や《コシ・ファン・トゥッテ》の悪魔的な魅力に取り憑かれた者にとって、《魔笛》がどことなく説教くさいものに思えたとしても、やむをえないだろう。熱狂的なモーツァルティアンにして、大の《魔笛》嫌いだったキルケゴールにいわせれば、「タミーノのフルートは全然音楽的な形姿になっておらず」、「きわめて退屈でセンチメンタル」である[13]（私も実は同感である）。なぜそんなことになってしまうかといえば、「《魔笛》のあやまりは、作品全体が意識を志向しており、したがってその本来の傾向が音楽を廃棄するという点に存し、それにもかかわらずオペラであろうとしている」点にある。つまり愛の狂気ではなく、理性による愛の克服を主題とした時点で、《魔笛》はオペラとして自家撞着に陥ってしまったというわけだ。キルケゴールはさらにたたみかける。《魔笛》の目標は、「倫理的に規定された愛、あるいは夫婦愛であって、この点にこの作品の根本的なあやまりが存するのである。なぜなら夫婦愛というものは、宗教的あるいは世俗的にいって、他の点ではなんであろうとも、唯ひとつそれがなりえないものがある。つまりそれは音楽的ではない。それどころか、それは絶対的に非音楽的である」。

確かに《魔笛》の主人公タミーノは、あまり魅力的なヒーローとはいえない。彼は《後宮》のベルモンテの系列に属する役柄類型であるが、しかしベルモンテは実に勇敢だった。

それに対してタミーノはのっけから、蛇の化け物に襲われそうになったところを女性三人に助けてもらう（ト書きによれば彼は、弓は持っているが、矢を家に忘れてきたのだ！）。聖ジョルジュ伝説やジークフリートを持ち出すまでもなく、「竜退治」は英雄の証であるはずだ。ところがここではそれが逆になっている。タミーノは化け物退治によってではなく、試練（試験）に合格して「いい子」になることを通して、そしていい夫になることを通して、ヒーローになるのである。こんなヒーローがオペラ史にいるだろうか？

彼を見ていると否応なしに思い出されるのが、《ドン・ジョヴァンニ》のドン・オッターヴィオである。少し取り澄ましていて、でも優しくてそつがなく、家柄もよく、強烈な魅力はないが、相手の両親に気に入られるタイプの男性。革命の後も有能な官吏として市民社会の中で出世していくタイプの貴族。第四章で紹介したグラッベの『ドン・ファンとファウスト』において、ドン・ジョヴァンニはドン・オッターヴィオのことを、次のような侮蔑した口調で語っている。「中庸な生き方しかせず、波風立てず、踊りがうまく、ほどほどに乗馬もこなし、フランス語をしゃべり、礼儀正しく社交界で立ち回ることが出来、恐らく正書法で書くことも出来る！　こういう輩の邪魔をしてやることこそ、私にとっては無上の歓びだ！」[14]。実際《ドン・ジョヴァンニ》においてドン・オッターヴィオは、まったく影の薄い存在だった。しかし《魔笛》においては、幸か不幸か、ドン・ジョヴァンニのような本物のヒーローはいない。優柔不断ぶりをさらけ出してしまうドン・オッターヴィオと違って、タミーノはドン・ジョヴァンニがいなくなった世界で権威者に気に入られ、着々と出世していく……。

彼らにどのような旋律類型が与えられているか考えてみよう。甘くてなめらかであり、目立ちはしないが難技巧もそこここに配され（こういう箇所をいかにもそつなくこなすことが、これらの「秀才」役を歌う歌手の条件だ）、ロマンチックな情感を湛えてはいるが、あまり強く印象に残ることはなく、快適に耳元を流れていく旋律。彼らが歌うのは、こんなメロディーだ。

タミーノやドン・オッターヴィオの旋律の味わいを本当に理解しようと思えば、下手なテノールで聴くよりも、クラリネット（一番いいのはバセットホルンだが）にそれを吹いてもらう方がいいのではないかと思うことがある。どうしても声が人工的で尖がってしまうテノールと比べて、同じ音域でありながら、もっとリラックスした豊かな自然倍音を響かせることが出来るクラリネットでこそ、これらの旋律の「平凡で控えめで穏やかである」ということの優しさが胸に染み入るのではないかという気がするのである。いうまでもなくクラリネットは、晩年のモーツァルトがこよなく愛した楽器であり、彼の晩年様式はこの楽器を抜きにしては語れない。そして《クラリネット五重奏》や《クラリネット協奏曲》の第二楽章などは、オッターヴィオやタミーノのアリアと性格が極めて似通っているのである。オペラ・セリアでいえば彼らと似た役は、《ティート》におけるセストだ。彼もまた優柔不断な「いい人」である。そして《ティート》第一幕におけるセストのアリアにモーツァルトは、いみじくも非常に印象的なバセットホルンの素晴らしい独奏を絡めて、協奏的アリアとした。

モーツァルトは世をありのままに描く。世間は英雄ばかりではない。強烈な魅力をまきちらす悪人もいれば、あまり印象に残らないけれど、それなりに誠実な、「平凡ないい人」もいる。第五章でも示唆したように、これは極めて近代的な発想——リアリズム演劇（ホームドラマの類）や小説のそれ——であって、《魔笛》においてモーツァルトは、《コシ》に引き続き、「ヒーローがいなくなった世界」を描こうとした。《ドン・ジョヴァンニ》の地獄落ちとともに、ヒーローの時代は去ったのだ。《ドン・ジョヴァンニ》のしらけたハッピーエンド、そして《コシ》のそんなに幸福でもないハッピーエンドで示唆された散文的世界、特に面白くもなくドラマティックでもない近代の日常世界が、タミーノの優しいけれど特徴のない音楽の中に示唆されているのである。

コスモスになったオペラ

とはいっても、《魔笛》がモーツァルトの中で最も壮大なオペラであることに、やはり変わりはないだろう。ベートーヴェンの《第九》、ワーグナーの楽劇、マーラーの交響曲、シェーンベルクの《グレの歌》——一九世紀以後、とりわけドイツ語圏では、交響曲がもつ市民社会の人々に呼びかけ彼らを糾合する力、オラトリオの宗教性、そしてオペラのドラマ性を一つに統合するようなタイプの音楽が発展した。この形而上学的な音楽の系譜の嚆矢が、《魔笛》に他ならないのである。近代ドイツ市民社会において、音楽はただの娯楽ではなかった。教会や封建領主を中心とする古くからの共同体が解体に向かうなか、芸術を通して再び新しい共同体を創出しようとする理念は、交響曲や楽劇の中に新しい神話を見出す。断片化して全体性を喪失し、どんどん散文化していく近代社会にあって、音楽は散文化された世界が再び一つの宇宙として共鳴するさまを啓示する場となった。モーツァルトの《魔笛》（リストはワーグナーの《パルシファル》を「一九世紀の《魔笛》」と呼んだ[15]）は、ハイドンのオラトリオ《天地創造》と並んで、「コスモスとしての音楽」という新しい音楽のありようを告知する作品なのである。

既に序曲からして、《魔笛》は桁外れに巨大な作品である。これが当時の標準的な序曲の規格をはるかに超えた音楽であったことは、チマローザの《秘密の結婚》序曲と比べてみればよく分かるだろう。この喜劇オペラは一七九二年にウィーンで初演された。《魔笛》初演の翌年（もちろんモーツァルトはもう没していた）のことである。それは瞬く間に大評判を呼び、モーツァルトには冷淡だったレオポルト二世もこのブッファが大変気に入って、チマローザに金の煙草入れを与えたといわれる。そして面白いことに《秘密の結婚》序曲は、《魔笛》と実によく似た始まり方をする。つまり全オーケストラが三回和音を打ち鳴らし、それに八分音符でせわしなく動き回るアレグロ楽想が続くのである。

だが両者のスケールの違いは、冒頭から既に明らかである。これはとても魅力的なブッファなのだが、チマローザが打ち鳴らす三つの和音は、せいぜい開演ベル代わりくらいにしか聴こえない。モーツァルトは違う。チマローザは同じ和音（トニカ）を三度鳴らすに過ぎないのに対して、モーツァルトの和音は一つ一つすべてが異なる。和音が鳴らされる度に、荘厳な神殿の扉が一つ、また一つと開かれ、未知の壮大な空間へと聴く者は誘われるのである。

やがてテンポの速い主部になると、落ち着きのない八分音符の主題が現れる。パパゲーノが見える。同じ音の反復は、三人の侍女にくつわを嵌《は》められた彼が、「フムフムフム」と繰り返す箇所を連想させずにはおかない。また同音反復に続く一六分音符の、素早くターンするような音型は、アリア「おいらは鳥刺し」でも見られるものだ。この主題においては、セレナーデ的な流麗とおどけた民衆的な調子とが、完璧に溶かしあわされている。しかもこの第一主題は、ほどなくカノンのように追いかけっこを始める。こうした対位法的技法は、ドイツ語圏では「学識のある様式」と呼ばれ、北ドイツのプロテスタント音楽文化を象徴するスタイルとされるものだ（バッハのフーガがその代表である）。南ドイツ的な宮廷音楽の調子と民衆的なそれが、さらに北ドイツ的な厳格さと結合されるのである。

《魔笛》の音楽様式の一つの特徴は、この徹底した「綜合性」である。夜の女王が象徴するオペラ・セリアの世界、三人の侍女におけるセレナーデの残響、パパゲーノが歌う民謡、モノスタトスにつけられたトルコ(異国)風の音楽、パミーナとパパゲーノの二重唱におけるドイツ・リート風の旋律、ザラストロや僧侶たちのコラール、そして第一幕および第二幕フィナーレにおける合唱のオラトリオ的な響き。これほど多種多様な様式を用いたオペラは前代未聞だっただろう。宮廷、民衆の世界、異国、市民社会、賢人たちのサークル、そして教会――世界で鳴り響いているさまざまな音楽様式が、ここで統合されているのである。

こうした「総合芸術」としての《魔笛》の白眉は、第一幕のフィナーレである。パパゲーノとパミーナが歌う甘いリート風の幸福(既に触れた「男と女」の二重唱)に、彼らを導いてくれる三人の童子たちのコラール風の楽想が続く。先立つ二重唱もこの童子の合唱も、どちらもリート風の素朴な旋律で出来ている。両者の間に様式上の一分の縫目も見出すことは出来ない。モーツァルト以外のどんな作曲家にも不可能だった、完璧な媒介である。それでいながら、少年の声の透明、コラール風の和声が醸す荘厳、そして何より、弱音で遠くから響いてくる神秘的なトランペットによって、不思議な神々しさが舞台に漂い始める。神聖な領域へと一歩足を踏み出したことが告げられるのだ。

以下詳述はしないが、このフィナーレではありとあらゆる音楽様式がめまぐるしく入れ替わり、しかも万全の統一感を失わない。ザラストロの神殿の扉を叩くタミーノの場面はオペラ・セリア。魔法の笛を聴いて踊り始める獣たちの場面は民衆劇。次に、逃走を謀るパパゲーノとパミーナがモノスタトスにとっつかまりそうになって、音楽がオペラ・ブッファの調子になり始めたと思う間もなく、パパゲーノが魔法の鈴を振ると、あらゆる形容を絶したあのグロッケンシュピールの音が響いてくる。これは「かくかくしかじかの様式」と説明することが不可能な、晩年のモーツァルト以外に誰も書けなかった奇跡の音楽だ。そして胸を撫で下ろす二人が歌うのは、再び甘く幸せなリートの響き。やがてザラストロの登場を告げるいかめしいトランペットが鳴り渡ると、一九世紀のドイツ・オペラを予告するような荘厳な場面になる。ザラストロを讃える民衆の合唱および彼とパミーナの対話は、ほとんどワーグナーの《タンホイザー》における歌合戦の場面の予告だ。ところがタミーノを捕らえて得意げなモノスタトスが登場するとともに、またしてもブッファの陽気な調子が闖入してくる。そしてザラストロが彼に鞭打ちの刑を宣告し、この愛すべき道化者が舞台から去ると、再び壮大な合唱になる。これは《第九》のフィナーレにも比すべきオラトリオ的な音楽である。

これだけ多種多様な音楽様式を、ほとんどスナップショットのようなスピード感でもって交代させていく技をもっていた作曲家は、音楽史で唯一人モーツァルトだけであった。

いま再び――宙吊りのフィナーレ

しからば《魔笛》においてモーツァルトは、限りなく多様でありながらすべてが調和した劇空間に、ついに辿りついたのだろうか？　これまでわれわれは――こう言ってよければ――モーツァルトのフィナーレには再三だまされてきた。「だまされる」が言い過ぎなら、

「肩透かしを食わされる」くらいにしておこうか。これは彼のオペラにしばしば見られる二重フィナーレの構造と深く関わっている。

《フィガロの結婚》第三幕においては、フィガロがバルトロとマルチェリーナの行方不明になっていた息子だったことが判明する。これまで仇と思っていた彼らが、実の両親と分かるのである。この「取り違えが分かってすべてめでたし」は、伝統喜劇のフィナーレの最も典型的なパターンの一つであって、《フィガロ》のドラマはこの和解に続く盛大な結婚式でもって終わってもいいはずなのである。実際この第三幕の終わりは、第四幕のそれなどより余程堂々としていて、フィナーレらしい。にもかかわらず、この第三幕のフィナーレは「かりそめの」ものにすぎず、しかし第四幕の「本物の」フィナーレは、ハッピーエンドというにはあまりに含むところが多すぎるし、しかもあっけない。

《ドン・ジョヴァンニ》の二重フィナーレについては多言を要すまい。主人公の英雄的な地獄落ちはそれに続く伝統的なハッピーエンドによって、伝統的なハッピーエンドの幸福はドン・ジョヴァンニのドラマティックな死によって、互いに相対化される。魅惑的な悪人にも、正義を具現する善人たちにも、単純な思い入れが出来ないような状況が作り出されているのだ。

《コシ》のフィナーレは次のようなものである。《フィガロ》と同じように、ここには二つのハッピーエンドがある。最初のそれは例の偽の結婚式であって、これは幸福感に満ちた、いかにもフィナーレらしいフィナーレだ。しかし実はそれは偽りの幸せであって、本当の終わりとなる最後の和解は、奇妙にしらけている。そして全員が唱和して歌われる締めくくり、「ものごとすべてを理性で片づけ、人のよい面だけを見ている人は幸せ」は、《フィガロ》の終わりと同じく、一瞬で通り過ぎていく。

こうした二重底のフィナーレが、実は《魔笛》においても待ち構えている。最後の合唱の壮麗さに幻惑されると見えなくなってしまうが、《魔笛》第二幕の大詰めもまた、《ドン・ジョヴァンニ》や《コシ・ファン・トゥッテ》に劣らず、本当はひび割れているのだ。《ドン・ジョヴァンニ》の地獄落ちと最後のハッピーエンドの間に見られたのと同じ種類の亀裂が、あちこちに入っているのである。

まずタミーノとパミーナが火と水の試練をみごとくぐりぬけ、人々に祝福される。そして舞台転換。パパゲーノは魔法の鈴を振って、めでたく恋人パパゲーナと巡り合う。彼らはたくさんの子供を授かり幸せな家庭を築く夢を「パ、パ、パ」の二重唱に託して、舞台を去る。ここで再び舞台転換。夜の女王たちが忍び足でザラストロの神殿に入ってくるが、雷に打たれて闇の世界に落ちていく。そしてザラストロが光の世界の勝利を告げ、美と叡智を讃える合唱で、《魔笛》は幕を閉じる。

ありとあらゆる様式／世界がまったく縫目なしに継ぎ合わされていた第一幕フィナーレとは対照的に、ここでは四つの場面（夜の女王の放逐から最後の合唱は連続しているから三つというべきかもしれない）が、ほとんど脈絡なしに並列されている（第二八場以降）。滑らかな移行もなければ、劇的な対立もないのだ。テレビのザッピングのような感覚といってもいいだろう。「タミーノとパミーナがめでたく試験に合格しました。／パパゲーノもパパゲーナという恋人と結ばれました。／夜の女王が放逐され、そして朝がやってきました。」――モーツァルトがあれほど自家薬籠中のものにしていたところの、異質な場面同士を苦もなく繋ぎ合わせる接続詞が、ここには欠けている。

「繋ぐ」能力がモーツァルトに欠けていたはずがない。最後の光の勝利へ向けてクレシェンドしていくフィナーレの感動カタルシスなど、その気にさえなれば、彼にはいくらでも作曲出来ただろう。例えばタミーノとパミーナの最終試練の場とパパゲーノの「パ、パ、パ」の二重唱を逆にする。エピソード的なパパゲーノの場面を先に終えておいてから、ドラマの最終クライマックスに突入するわけだ。次に試練をくぐりぬけたタミーノらの歓びの只中で、ドラマティックに賑々しく夜の女王らを登場させる。明と暗の劇的な対照を利用して、ドラマをもっと盛り上げることが出来ただろう。そして彼らの敗北をドン・ジョヴァンニの地獄落ち並に巨大にして、そして最後の光の場面へもっていく。こうすればワーグナーばりの怒濤のクライマックスが作れるはずだ。だがモーツァルトは、こうはしなかった。ということはつまり、われわれはこの奇妙に並列的なフィナーレを、文字通りに受け取るしかないということになる。彼は感動フィナーレなど書きたくなかった。むしろ互いに対立すらしていない、バラバラな世界の複数性の表現こそが彼の意図だったとしか考えられないのである。

モーツァルト・オペラにおける「複数に分裂した世界」に、われわれは《ドン・ジョヴァンニ》で一度出会っている。第一幕の舞踏会や第二幕の最初の六重唱（レポレロが捕まる場面）がそれである。だが《ドン・ジョヴァンニ》には、ドン・オッターヴィオとドンナ・アンナの妙によそよそしい仲が示しているように、当初からそもそも親密な人と人とのつながりなど存在していなかったのかもしれない。《フィガロ》の登場人物たちは、時としてもめることはあっても、皆がアルマヴィーヴァ伯爵一家に属する家族の一員だった。それに対して《ドン・ジョヴァンニ》では、たまたま通りすがりに事件に巻き込まれたことで、本来は何の接点もなかったはずの人々の間に、かりそめの共同体が生まれるだけなのである。そして人々を結びつけていた「犯罪者（主人公である）」という中心が、地獄落ちでもっていなくなるとともに、彼らは再び元の他人同士に戻る。最後の六重唱における別離のハッピーエンドは、まるでアガサ・クリスティの有名な探偵小説の結末みたいだ。ここには、お互い見ず知らずの他人同士が、一時的に特定の関心事に基づいて寄り集まっただけの、近代社会における希薄な人間関係しかない。

こうした「複数の人間集団の間の無関心」という主題が、《魔笛》でも再び取り上げられる。タミーノの試練にパパゲーノは何の関心もないだろう。またタミーノもこれから先、パパゲーノと出会うことはもうないのではないか。彼は「偉い人」になりすぎてしまった。そして放逐された夜の女王たちに、もう誰も注意を払いはしない。悪のレッテルを貼られて追放される人々、勝利を宣言する権力者、「偉い人たちのことはおいらにはよう分からん」とばかりに、小さな家庭の中に安らぎを見出す普通の人々――この無関心性は、まさにひび割れた近代社会の縮図そのものである。

もちろん最後の光の場面は、あらゆるひび割れを忘れさせてしまうほど、圧巻ではある。だがここでもまた、何かが腑に落ちない感覚は残る。それは「夜の女王たちは、一体なぜ放逐され、そしてどこへ行ってしまったんだろう?」という疑問だ。そもそも彼らのどこが悪人なのか、われわれにはよく分からない。だからこそ古くから多くの人々が、《魔笛》の台本には欠陥があると言い立ててきた(《魔笛》の続篇を構想したゲーテは、夜の女王を復活させることを考えていた)。だが私には、このすっきりしない感覚は劇の欠陥などではなく、まさにそれこそが――《後宮》や《ドン・ジョヴァンニ》や《コシ》と同じように――モーツァルトの意図であったように思われる。世の中は神によって統一された作品ではない。世界は三単一の法則を遵守する古典悲劇でもなければ、勧善懲悪のお芝居でもないし、フーガでもソナタ形式でも交響曲でもない。何もかもがすっきり割り切れてフィナーレに至るわけではない。これがモーツァルトのドラマトゥルギーである。

アッティラ・チャンパイがその素晴らしい《魔笛》論の中で強調しているように[16]、《魔笛》第二幕フィナーレの「汝ら清められた人々に栄光あれ!」の勝利の合唱は、排除される敵／悪を暗黙の前提としている。栄光が与えられるのは「清められた人々」であり、「強い者が勝つ」（そう《魔笛》の歌詞にはある）。彼らのみが「美と叡智の王冠」で飾られるのだ。そして、ここで讃えられるのは市民社会の規範にかなった「よき人々」だけであり、そこに「悪い子」が入っていくことは出来ない。魅惑的な三人の侍女、愛嬌のあるモノスタトス、そして気品に溢れる夜の女王は、圧倒的なフィナーレを成り立たせるための黒い山羊である。そして彼らが排除されるにあたっては、誰もが納得ゆくような理由づけは不要だ。考えてみれば、われわれが生きている現実の中で悪が名指されるとき、それはいうにいわれぬ力関係の中で、いつのまにか、そしてよく分からないうちに、「悪の枢軸」へと仕立てられていることがほとんどではないか。厳かだけれども、何かもう一つ納得のいかないフィナーレでモーツァルトが表現しようとしたのは、まさにこうした感覚であったように思うのである。

しかし《魔笛》フィナーレのクエスチョンマークは、《後宮》や《フィガロ》の淡いペーソスでもないし、《ドン・ジョヴァンニ》の白々とした虚脱感でもなく、また《コシ》の辛辣なアイロニーとも性格が違う。大詰めのオラトリオ風の合唱はやはり壮麗であり、まさに叡智の神殿にこだまするにふさわしい。そこにはアイロニーはない。どう聴いてみても、ここでは率直に権威が賛美されている。これはモーツァルトのこれまでのオペラには見られなかった点であり、それこそが《第九》や《フィデリオ》を経由して《ニュルンベルクのマイスタージンガー》のナショナリズムへつながっていく特質ではあるだろう。《魔笛》でモーツァルトはついに、「よき市民」になる決意をしたのだろうか。

だが合唱が終わって、オーケストラの短い後奏でヴァイオリンが同じ旋律を奏でるとき、この壮麗に響くテーマの本当の性格が明らかになる。つまりこのメロディーは、ザラストロや僧侶たちなどではなく、むしろパパゲーノにこそ似つかわしい、ほとんど俗謡といってもいいようなものなのである。夏の日の草原で、少しほろ酔い気分になって、仲のいい友達や家族と一緒に声を合わせて歌う南ドイツあたりの民謡。《フィガロ》の終わりと同じく、この後奏はあっという間に終わってしまう。だがそこには、イデオロギー的硬直からかろうじて逃れた、自由な遊びの空間がある。放逐された夜の女王やモノスタトスはともかく、パパゲーノたちはこの最後の場面のスナップショットの中に、何の違和感もなく収まることが出来るだろう。たくさんのちっちゃなパパゲーノやパパゲーナを連れて。

「難しい話はさておき！」――このフィナーレの後奏にキャッチフレーズをつけるなら、このようになるだろうか。結局モーツァルトは《魔笛》でも、これまでよりもずっと控え目なやり方ではあるが、完全なるフィナーレのカタルシスを最後になって軽くまぜっかえす。だがそのとき、音楽史で彼にしかなしえなかった、「礼節の弁証法」が完遂される。権威への敬意とそれに対するほどよい距離、真摯と軽妙、高邁な理念と等身大の幸せの間のぎりぎりのバランスの中で、「いつの日か全人類が本当に子供のように無邪気に、互いに仲良く暮らしていくことの出来るユートピアが来るかもしれない」という希望が束の間きらめいて……

そして一瞬で過ぎ去っていくのである。

注釈

はじめに

（1）Martin Geck, *Mozart oder Die Kunst, das Schwere angenehm zu machen*, Hamburg 2006, p.216.
［『モーツァルト　または　深刻なものを快適にする技／芸術』］

（2）ノルベルト・エリアス『モーツァルト　ある天才の社会学』、青木隆嘉訳、法政大学出版局、一九九一年、二〇ページ。（以下、引用に際しては邦訳の字句表記を一部改めたものがある）

（3）アドルノ『ベートーヴェン　音楽の哲学』、大久保健治訳、作品社、一九九七年、五一および九六ページ。

（4）ヴォルフ・フォン・ニーベルシュッツ『バロックとロココ』、竹内章訳、法政大学出版局、一九八七年、八四〜八六ページ。

（5）『モーツァルト書簡全集VI』、海老沢敏・高橋英郎編訳、白水社、二〇〇一年、六一〜六二ページ。

（6）余談ながら、離婚が正式に許可されるようになったのも、フランス革命がきっかけだった（一七九二年九月二〇日）。結婚は神の前での取り消し不能の絶対的契約ではもはやなく、徐々に個人と個人の間の解消可能な世俗的契約に移行していったのだろう。

第一章

（1）ノルベルト・エリアス『宮廷社会』、波田節夫ほか訳、法政大学出版局、一九八一年、一七四ページ。

（2）バルタザール・グラシアン『賢人の知恵』、齋藤慎子訳、ディスカヴァー・トゥエンティワン、二〇〇六年。

（3）『モーツァルト書簡全集Ⅰ』、海老沢敏・高橋英郎編訳、白水社、一九七六年、三二五ページ。

（4）『モーツァルト書簡全集Ⅲ』、海老沢敏・高橋英郎編訳、白水社、一九八七年、四七四〜四七六ページ。

（5）同　五四五および五四九ページ。

（6）J-F.Saint-Lambert, *Les Saisons*, Paris 1769, pp.124-5.［『四季』］、富永茂樹「廃墟の一八世紀――あるいは甘美な憂鬱の夢について――」（樋口謹一編『空間の世紀』、筑摩書房、一九八八年、二七〇〜二七一ページ）に引用。この富永論文は、いわゆるモーツァルトの「メランコリー」を理解するための思想史的背景について、極めて示唆に富んでいる。なおチェンバロ（クラヴサン）に代わってフォルテピアノが誕生したのは、まさにこの時代であった。フランスでフォルテピアノが初めて登場したのは、一七六八年（このサン＝ランベールの詩の前年！）、コンセール・スピリテュエルにおいてだったらしい（ニール・ザスロー『啓蒙時代の都市と音楽』、樋口隆一監訳、音楽之友社、一九九六年、九八ページ）。

（7）ディドロ『ダランベールの夢』、新村猛訳、岩波文庫、一九五八年、一〇一ページ。こうした比喩は他にもいくらでも見出すことができる。

（8）同　三五ページ。

（9）Dieter Borchmeyer, *Mozart oder Die Entdeckung der Liebe*, Frankfurt 2005.［ディーター・ボルヒマイヤー『モーツァルト　または　愛の発見』］には、こうした例がいくつも挙げられている（特に五七ページ）。例えばジュネーヴ生まれの博物学者シャルル・ボネの“Je sens; donc, je suis”

(Charles Bonnet, *Essai de psychologie ou considérations sur les opérations de l'âme, sur l'habitude et sur l'éducation*, London 1755, p.387.)、ヴィーラントの"Ich empfinde mich selbst, ich bin also" (Christoph Martin Wieland, *Geschichte des Agathon*, Berlin 1961, p.40.)、ヘルダーの"Ich fühle mich! Ich bin!" (Johann Gottfried Herder, *Sämtliche Werke* VIII, Berlin 1877-1913, p.96.) などである。これらはすべて「われ感じる、故にわれあり」の意である。

(10) 樋口謹一編『空間の世紀』、一〇～一二および一四ページ。

第二章

(1) 母の手紙は、第一章で引用した一七七八年二月四日のモーツァルトの手紙に同封された（『モーツァルト書簡全集Ⅲ』、四七七ページ）。

(2) 同　五一三および五二〇ページ。

(3) 『モーツァルト書簡全集Ⅳ』、海老沢敏・高橋英郎編訳、白水社、一九九〇年、六一ページ。

(4) 同　二三一ページ。

(5) 『モーツァルト書簡全集Ⅴ』、海老沢敏・高橋英郎編訳、白水社、一九九五年、一七ページ。

(6) 同　五九ページ。

(7) 同　八六ページ。

(8) 同　一〇五ページ。

(9) 同　一七九および一八一ページ。

(10) 同　一四四ページ。

(11) この節ではとりわけ Paul Kluckhohn, *Die Auffassung der Liebe in der Literatur des 18. Jahrhunderts und in der deutschen Romantik*, Halle ^{2}1931.［パウル・クルックホーン『一八世紀

およびドイツ・ロマン派の文学における恋愛観』」を参考にした。古い文献だが、いまだにこの問題についての最も包括的な書物であると言っていいだろう。

(12) J・ル＝ゴフ／A・コルバンほか『世界で一番美しい愛の歴史』、小倉孝誠ほか訳、藤原書店、二〇〇四年、一一七ページ。

(13) *Geschichtliche Grundbegriffe. Historisches Lexikon zur politisch-sozialen Sprache in Deutschland* II, Stuttgart 1975, pp.253-301.［『歴史的基本概念　ドイツにおける政治的社会的言語の事典』の中のDieter Schwabによる「家族」という項目］。引用箇所は二八四～二八五ページ。

(14) スタンダール『恋愛論　下』、前川堅市訳、岩波文庫、一九五九年、八一～八二ページ。

(15) ルソー『新エロイーズ二』、安士正夫訳、岩波文庫、一九六〇年、一四四ページ。

(16) J・ル＝ゴフ／A・コルバンほか『世界で一番美しい愛の歴史』、一二二ページ。

(17) 既に引用した*Geschichtliche Grundbegriffe. Historisches Lexikon zur politisch-sozialen Sprache in Deutschland*, p.285による。ボルヒマイヤーの引用はDieter Borchmeyer, *Mozart oder Die Entdeckung der Liebe*, Frankfurt 2005, p.12［『モーツァルト　または　愛の発見』］、グライスはJutta Greis, *Drama Liebe. Zur Entwicklungsgeschichte der modernen Liebe im Drama des 18.Jahrhunderts*, Stuttgart 1991, p.47［『愛の劇　一八世紀演劇における近代的な愛の発展の歴史』］を参照。

(18) J・ル＝ゴフ／A・コルバンほか『世界で一番美しい愛の歴史』、一一〇および一三五ページを参照。

(19) 『モーツァルト書簡全集Ⅲ』、四九四～四九五ページ。

(20) *Geschichtliche Grundbegriffe. Historisches Lexikon zur politisch-sozialen Sprache in Deutschland*, p.281による。例えばドイツの初期啓蒙哲学者クリスティアン・トマージウスによれ

ば、婚姻は自然権の点からは、性の独占もパートナーとの恒常的な同居生活も意味せず、一夫多妻制も否定はされなかった。また一七九五年になると、婚姻に際しては夫と妻の両者が自由にその条件を提示することが出来、結婚の期間も任意であり、相手の了解を得て期限前に解消することも可能とする考え方が出てくるという。

第三章

（1）ロレンツォ・ダ・ポンテ（一七四九～一八三八年）は、ヴェネチアで神学を学んだが追放され、いつのまにかオペラ台本書きになって、一七八〇年ごろウィーンに現れた人物である。《フィガロ》まではこれといった成功はなかったが、やがて宮廷詩人になってサリエリやイ・ソレールの依頼も受けるようになる。しかしヨーゼフ二世が亡くなると後ろ盾をなくして一七九二年にウィーンを去り、結局ニューヨークで亡くなった。

（2）Wolfgang Ruf, *Die Rezeption von Mozarts "Le Nozze di Figaro" bei den Zeitgenossen*, Wiesbaden 1977, p.6.［ヴォルフガング・ルーフ『同時代におけるモーツァルト《フィガロの結婚》の受容』］による。

（3）一九四二年の演奏でANDROMEDAというメーカーから出ている。なおクレンペラーの《フィガロ》はＥＭＩの録音である。

（4）メイナード・ソロモン『モーツァルト』、石井宏訳、新書館、一九九九年、六九八～六九九ページ。

（5）『モーツァルト書簡全集Ⅵ』、海老沢敏・高橋英郎編訳、白水社、二〇〇一年、六六二ページ。

第四章

（6）ボーマルシェ『フィガロの結婚』、石井宏訳、新書館、一九九八年、二四四ページ以下。

(1) 第三幕第六場でオスミンはセリムに「こんなに朝早くおやすみのところをお騒がせして申し訳ありません」と言う。

(2) *Briefwechsel zwischen Goethe und Zelter in den Jahren 1796 bis 1832*, Berlin 1833-34, Bd.2, p.160.［『ゲーテ／ツェルター往復書簡　一七九六〜一八三二年』］

(3) Stefan Kunze, *Don Giovanni vor Mozart*, München 1972.［シュテファン・クンツェ『モーツァルト以前のドン・ジョヴァンニ』］による。

(4) 文学におけるドン・ジョヴァンニの系譜についてはHiltrud Gnüg, *Don Juan*, München 1989.［ヒルトルート・グニューク『ドン・ファン』］がいい手引きとなる。

(5) 名作オペラブックス21『ドン・ジョヴァンニ』、音楽之友社、一九八八年、二五三〜二五四ページ。

(6) Christian Dietrich Grabbe, *Don Juan und Faust. Eine Tragödie in vier Akten*, Stuttgart 2005.［クリスチャン・ディートリッヒ・グラッベ『ドン・ファンとファウスト　四幕の悲劇』］

(7) Nicolaus Lenau, *Sämtliche Werke und Briefe* in 2 Bdn, Frankfurt a.M., 1971.［ニコラウス・レーナウ『作品／書簡全集』］所収。

(8) バイロン『ドン・ジュアン　上下』、小川和夫訳、冨山房、一九九三年。

(9) Brigitte Wittmann (ed.), *Don Juan. Darstellung und Deutung*, Darmstadt 1976.［ブリギッテ・ヴィットマン『ドン・ファン　表現と解釈』］所収。この本には他に、ブレヒト、マックス・フリッシュ、ブロッホらのドン・ジョヴァンニ論が多数収められている。

(10) カミュ『シーシュポスの神話』、清水徹訳、新潮文庫、一九六九年。引用箇所は一〇二、一〇三、一〇五ページ。

(11) 河上徹太郎『ドン・ジョヴァンニ』、講談社学術文庫、一九九一年。引用箇所は二三、六三、六六ページ。

(12) Stefan Kunze の前掲書（一一ページ）に引用。ゴルドーニ自身も一七三六年に、モリエールに倣ったドン・ジョヴァンニの芝居を書いている。
(13) アルフレート・アインシュタイン『モーツァルト　その人間と作品』、浅井真男訳、白水社、一九六一年、二七三ページ。
(14) メイナード・ソロモン『モーツァルト』、石井宏訳、新書館、一九九九年、二一九ページ。
(15) アインシュタインは次のように述べている。「(ディヴェルティメントでは）気むずかしい案出もなく緊張もない、形式の遊びである。リート風でありながら、しかも通俗ではない。一八世紀の作曲家としてのモーツァルトを特徴づける作品があるとすれば、それはいわばフランス革命の『失楽園』以前に書かれた、あらゆる意味で『無邪気な』これらの作品である。それは、松明《たいまつ》やランプの静かな灯に照らされた夏の夜のための音楽である。近くで聴いても遠くで聴いてもよい。そして遠くから聴こえてくるのが最も美しい。《ドン・ジョヴァンニ》(K. 527）や《女はみんなこうしたもの《コシ・ファン・トゥッテ》》(K. 588）において、モーツァルトはもう一度このような管の響きを想い起こしている」（前掲書、二八一～二ページ)。
(16) モーツァルトが参考にしたといわれるグルックのバレエ音楽《ドン・ジョヴァンニ》（一七六一年）には、確かによく似た楽想が散見されるが、モーツァルトのような途方もない不協和音はどこにもない。
(17) アインシュタイン『モーツァルト　その人間と作品』、二八八ページ。
(18) これらの踊りについては Oscar Bie, *Der Tanz*, Berlin o.J, p.213.［オスカー・ビー『舞踏』］および Curt Sachs, *Eine Weltgeschichte des Tanzes*, Hildesheim 1976, p.268.［クルト・ザックス『舞踏の世界史』］ および Silvain Guignard, *Frédéric Chopins Walzer. Eine text-und stilkritische Studie*, Baden-Baden 1986, p.12.［シルヴァン・ギニャール『フレデリック・ショパンのワルツ　テ

クストおよび様式の批判的研究』」を参照。

(19) ナターリエ・バウアー＝レヒナー『グスタフ・マーラーの思い出』、高野茂訳、音楽之友社、一九八八年、三六六～三六七ページ。

(20) Christof Bitter, *Wandlungen in den Inszenierungsformen des "Don Giovanni" von 1787-1928*, Regensburg 1961, p.108.［クリストフ・ビッター『一七八七年から一九二八年までの《ドン・ジョヴァンニ》演出の変容』］マーラーによる公演についての引用は、一二五ページ。

(21) Dieter Borchmeyer, *Mozart oder Die Entdeckung der Liebe*, Frankfurt 2005, p.192.［ディーター・ボルヒマイヤー『モーツァルト　または　愛の発見』］なおボルヒマイヤーによれば、ハッピーエンドの復活を最初に強く主張したのは、ジョージ・バーナード・ショーだという。

(22) カント『啓蒙とは何か』、篠田英雄訳、岩波文庫、一九五〇年。

第五章

(1)『モーツァルト書簡全集VI』、海老沢敏・高橋英郎編訳、白水社、二〇〇一年、五二九および五三二ページ。

(2) 同　五〇四および五一三ページ。ただしソロモンは逆に、これがコンスタンツェから不倫を疑われているモーツァルトによる、無実のポーズである可能性を示唆している（メイナード・ソロモン『モーツァルト』、石井宏訳、新書館、一九九九年、六八四ページ以下）。

(3) マリヴォー『愛と偶然との戯れ』、進藤誠一訳、岩波文庫、一九七七年。

(4)『新マリヴォー戯曲集Ｉ』、井村順一ほか訳、大修館書店、一九八九年所収。『二重の不実』も同様。

(5) Constanze Natošević, *Così fan tutte. Mozart, die Liebe und die Revolution von 1789*, Kassel 2001, p.16.［コンスタンツェ・ノトセヴィッチ『コシ・ファン・トゥッテ　モーツァルト、愛、一七

八九年の革命』」による。『試練』は佐藤実枝編訳『マリヴォー戯曲選集』、早稲田大学出版部、二〇〇六年所収、『贋の侍女』は前掲の『新マリヴォー戯曲集I』所収、『偽りの打ち明け話』は翻訳がない。

(6) サリエリの作品については水谷彰良『サリエーリ　モーツァルトに消された宮廷楽長』、音楽之友社、二〇〇四年に詳しい。

(7) 前掲の Constanze Natošević, *Così fan tutte.* によれば、他にも大量の「パートナー交換オペラ」が一八世紀後半のウィーンでは作られていたらしい。ここにはヨハン・エリアス・シュレーゲルの《女性の交換》(一七六六年)、ピエトロ・グリエルミの《愛の策略》(一七八七年)、パスクワーレ・アンフォッシの《嫉妬深く幸福な女たち》(一七八六年)といったオペラが列挙されている。

(8) ヴォルテール『哲学書簡／哲学辞典』、中川信・高橋安光訳、中公クラシックス、二〇〇五年、三三九ページ以下。

(9) 『閨房哲学』の中でサドは性的乱交の悪徳を、ドン・アルフォンソと同じく、「自然」の概念を用いて正当化している(マルキ・ド・サド『閨房哲学』、澁澤龍彥訳、河出文庫、一九九二年)。「自然はつねにわれわれに楽しむことを教え、それ以外のいかなる衝動、いかなる勧告をもわれわれに押しつけなかった」(一三六ページ)。「自然はその平衡の法則を完全に維持するために、ある場合には悪徳を必要とし、ある場合には美徳を必要とする。そして自然はぼくたちに、自然にとって必要な運動を交る交る行わせるのだ」。「この宇宙には、たった一つの原動力しかない。そしてその原動力とは、自然のことなのさ」(二四九ページ)。

(10) ディドロ『ブーガンヴィル航海記補遺』、浜田泰佑訳、岩波文庫、一九五三年、五五、六九ページ。

(11) Denis Diderot, *Les bijoux indiscrets* (Œuvre complètes. Tome III), Paris 1978. デニス・ディデロ『不謹慎な宝石』、小林季雄訳、操書房、一九四八年という古い翻訳が出ている。

(12) ゲーテ『親和力』、柴田翔訳、講談社文芸文庫、一九九七年、六五ページ以下。

(13) アドルノ「礼節《タクト》の弁証法によせて」、『ミニマ・モラリア』、三光長治訳、法政大学出版局、一九七九年、三六ページ以下。

(14) アドルノ『ベートーヴェン　音楽の哲学』、九六ページ。

(15) アドルノ『楽興の時』、三光長治・川村二郎訳、白水社、一九七九年、四六〜四七ページ。

(16) 『ゲーテ全集4　戯曲』、潮出版社、一九七九年所収。

(17) ゲーテ『親和力』、一二三〜一二四ページ。

(18) 演劇学者のフォルカー・クロッツは、アリストテレス詩学に基づく伝統的な古典悲劇の「閉じた構造」（自己完結性や全体性）に対して、ビュヒナーら近代劇の「開いた構造」を対置させる（Volker Klotz, *Geschlossene und offene Form im Drama*, München 1985.［フォルカー・クロッツ『劇における閉じた形式と開いた形式』］）。モーツァルトのオペラは、典型的な近代の「開いたドラマ」の特質を示している。なおクロッツは、非古典演劇的な「開いたドラマ」の先駆を、シェイクスピアに見ている。一九世紀においては大衆演劇（メロドラマ）が繁栄を極め、そこでは「圧倒的な感動のフィナーレ」（再会、寛大な赦し、愛の抱擁、あるいは愛の死等）が相変わらず温存されていたのは確かだ（一九世紀メロドラマの末裔がハリウッド映画の感動の類であり、グランド・オペラもまたメロドラマの一種である）。だが「言葉にならない」感動の身振りをその十八番とするメロドラマは、そもそも文学芸術というより視覚スペクタクルであって、一九世紀の言語芸術の中心が、従来の演劇から、小説へと移行していくことは明らかである。

(19) ルカーチ「小説の理論」、『ルカーチ著作集2』、大久保健治訳、白水社、一九六八年、六八ページ。

(20) 同　八五ページ。

(21) 同　三七ページ。

第六章

（1）『モーツァルト書簡全集Ⅵ』、五三〇および五六三〜五六四ページ。

（2）ただし既に触れたように、最近の研究によると晩年のモーツァルトは、伝えられているほど生活に窮していたわけではない可能性が示唆されている。宮廷楽長としてのモーツァルトの年間俸給八〇〇グルデン（もちろんこれ以外のエキストラの収入はあったはずだ）に対して、サリエリの給料が一二〇〇グルデン、大学教授が三〇〇グルデン、初等学校の教師が二二グルデン、モーツァルトの女中は一二グルデンだったという。モーツァルトの収入はそんなに乏しかったわけではない。ちなみにウィーンに来たばかりの頃の彼は、一〇〇〇グルデンくらいの年収があったらしい（Martin Geck, *Mozart oder Die Kunst, das Schwere angenehm zu machen*, Hamburg 2006, p.174.［『モーツァルト　または　深刻なものを快適にする技／芸術』］による）。

（3）『モーツァルト書簡全集Ⅵ』、五七四ページ。

（4）同　六八八ページ。

（5）Helmut Perl, *Der Fall <Zauberflöte>. Mozart und die Illuminaten*, Zürich 2006, p.47.［ヘルムート・ペルル『《魔笛》事件　モーツァルトと啓明主義者《イルミナート》たち』］これはフリーメーソン研究の最新成果を踏まえた、極めて刺激的で、しかも文献学的に説得力のある《魔笛》論であり、夜の女王はカトリック（とりわけイエズス会）におけるマリア崇拝の象徴だという解釈をしている。

（6）クルト・ホノルカ『「魔笛」とウィーン』、西原稔訳、平凡社、一九九一年、二〇一ページ。Helmut Perl, *Der Fall <Zauberflöte>. Mozart und die Illuminaten*, P.64. も参照のこと。

（7）レッシング『エミーリア・ガロッティ／ミス・サラ・サンプソン』、田邊玲子訳、岩波文庫、二〇〇六年。

（8） Emil Staiger, “Rasende Weiber in der deutschen Tragödie des 18. Jahrhunderts”, in: *Stilwandel. Studien zur Vorgeschichte der Goethezeit*, Zürich 1963, p.44.［エミール・シュタイガー「一八世紀のドイツ悲劇における荒れ狂う女性像」、『様式変容　ゲーテ時代の前史についての研究』所収］

（9） Helmut Perl, *Der Fall <Zauberflöte>. Mozart und die Illuminaten*, p.55.

（10） ゲーテ『親和力』、二二四ページ以下。

（11） *Geschichtliche Grundbegriffe. Historisches Lexikon zur politisch-sozialen Sprache in Deutschland* II, Stuttgart 1975, p.286.［『歴史的基本概念　ドイツにおける政治的社会的言語の事典』の中の Dieter Schwab による「家族」という項目］による。引用箇所は Friedrich Schleiermacher, “Fragmente”, in: *Athenäum* 1/2 (1798), p.11. ／ Johan Gottlieb Fichte, *Grundlage des Naturrechts nach Principien der Wissenschaftslehre*, Bd.4 (1970) p.103. ／ Friedrich Schlegel, “Ideen”, in: *Athenäum* 3 (1800), p.32.

（12） ヘーゲル『法の哲学II』、藤野渉・赤沢正敏訳、中公クラシックス、二〇〇一年。引用箇所は四〇〜四一および五六ページ。

（13） ゼーレン・キルケゴール『ドン・ジョヴァンニ　音楽的エロスについて』、浅井真男訳、白水Uブックス、二〇〇六年。引用箇所は七五および七七ページ。

（14） Christian Dietrich Grabbe, *Don Juan und Faust. Eine Tragödie in vier Akten*, Stuttgart 2005, p.6-7.［クリスチャン・ディートリッヒ・グラッベ『ドン・ファンとファウスト　四幕の悲劇』］

（15） Stefan Kunze, *Mozarts Opern*, Stuttgart 1984, p.643.［シュテファン・クンツェ『モーツァルトのオペラ』］

（16） アッティラ・チャンパイ「《魔笛》の秘密、あるいは啓蒙主義の帰結」、名作オペラブックス5『魔笛』、音楽之友社、一九八七年所収。

文献ならびにCD、DVDガイド

いうまでもなくモーツァルト文献は無数にある。人生がいくつあっても読みきれないほどと言っても過言ではない。だが伝記や作品データについての単なる文献学的考証ではなく、モーツァルトの音楽そのものについて、読者に根本的な啓示を与えてくれるような本となると、そうたくさんあるわけではない。本書の執筆にあたって特に刺激を受けた著作を、以下に紹介しておく。

まずモーツァルトの伝記については、アメリカの碩学メイナード・ソロモン『モーツァルト』（石井宏訳、新書館、一九九九年）が圧倒的な面白さだ。細かい資料をつき合わせながら「事実」へ肉薄していく探偵小説のようなスリル、大きな歴史的社会的文脈を見失わない視野の広さ、そしてモーツァルトの音楽への愛情が一体になった、稀有の本である。とりわけ父親との精神的葛藤についての分析は読み応えがある。

モーツァルトに特化した本ではないが、一八世紀という時代について教えられるところが多かったのは、ヴォルフ・フォン・ニーベルシュッツ『バロックとロココ』（竹内章訳、法政大学出版局、一九八七年）、樋口謹一編『空間の世紀』（筑摩書房、一九八八年）、ジャン・スタロビンスキー『自由の創出』（小西嘉幸訳、白水社、一九八二年）、ジャン・スタロバンスキー『フランス革命と芸術　一七八九年理性の標章』（井上堯裕訳、法政大学出版局、一九八九年：著者名の表記が前掲書と異なっている）あたりである。なお二〇〇六年には『オペラ、魅惑する女たち』（千葉文夫訳、みすず書房）という本も訳出された。

　一八世紀世界から近代への巨大な歴史の転換点の中でモーツァルトを捉えるのは、アドルノである。彼にはまとまったモーツァルト論はないが、『楽興の時』（三光長治・川村二郎訳、白水社、一九七九年）所収のツェルリーナについてのエッセイは必読。また『ベートーヴェン　音楽の哲学』（大久保健治訳、作品社、一九九七年）や『ミニマ・モラリア』（三光長治訳、法政大学出版局、一九七九年）にもモーツァルトとその時代への深い愛惜が垣間見られる。またアドルノは、お気に入りだった指揮者オットー・クレンペラーの《ドン・ジョヴァンニ》のレコード解説なども書いていて、これも面白い（"Klemprers <Don Giovanni>", in: Theodor W. Adorno. *Gesammelte Schriften* 19, Frankfurt 1984.）。

　アドルノと同様、ノルベルト・エリアス『モーツァルト　ある天才の社会学』（青木隆嘉訳、法政大学出版局、一九九一年）も、歴史の転換点にのみ出現しえた特異現象として、モーツァルトを考える。「はじめに」でも援用したところの、モーツァルトはまだ天才の概念がなかった時代の天才だったという彼の考えは、本書のモットーだといってもいい。

　モーツァルトを二つの時代の間で引き裂かれた存在として考えるこれらのアプローチを、

丁寧な作品分析によってさらに展開したのが、アッティラ・チャンパイ「《ドン・ジョヴァンニ》における神話と歴史的瞬間」(名作オペラブックス21『ドン・ジョヴァンニ』、音楽之友社、一九八八年所収)および「《魔笛》の秘密、あるいは啓蒙主義の帰結」(名作オペラブックス5『魔笛』、音楽之友社、一九八七年所収)である。アドルノやエリアスと並んで、本書の執筆にあたっては、このチャンパイの論考に最も影響を受けたと思う。

ゲーテおよびワーグナーの研究で知られる演劇学者ディーター・ボルヒマイヤーの Dieter Borchmeyer, *Mozart oder Die Entdeckung der Liebe*, Frankfurt 2005.［『モーツァルト または 愛の発見』］は、私の知る限り、本書と同じく「愛」を切り口にしてモーツァルト・オペラを真正面から論じた唯一の文献である。こうした主題を扱いながら、あまりフランス系の文学に目配りがされていないのが惜しいが、モーツァルト・オペラを広い文学・演劇・思想史の文脈に置いて眺めるこうした試みは、これからもっとなされるべきだろう。

二〇〇六年のモーツァルト・イヤーには本当にたくさんの本が出版されたが、とりわけドイツの音楽学者マルティン・ゲックの Martin Geck, *Mozart oder Die Kunst, das Schwere angenehm zu machen*, Hamburg 2006.［『モーツァルト または 深刻なものを快適にする技／芸術』］は、その筆致の軽やかさ、視点の自在さ、文献学的な基礎の確かさの点で、群を抜いていると思う。

なおバロック時代の演劇文化については、名著の誉れたかいR・アレヴィン、K・ゼルツレ『大世界劇場』（円子修平訳、法政大学出版局、一九八五年）が、今なお最もスタンダードな文献だろう。

また本書の執筆に際しては、読んだ本以上に、実際に見た舞台が様々な影響を及ぼしているはずである。私自身の原体験となっているものは三つ。一つは、今は建て替えられてしまった銀座のヤマハホールで大学一年のときに見た、フルトヴェングラー指揮の《ドン・ジョヴァンニ》の舞台映画（今ではDVDで入手できる：ドイツ・グラモフォン）。主演のチェザーレ・シエピ（ドン・ジョヴァンニ）とオットー・エーデルマン（レポレロ）の存在感は圧倒的で、いまだに私はあれ以外のドン・ジョヴァンニ主従というものが想像できない。同じコンビによる《ドン・ジョヴァンニ》の録音（ロンドン）も、ヨーゼフ・クリップスの非の打ちどころない指揮とあいまって、永遠の名盤といえるだろう。

私が初めて生で見たモーツァルト・オペラは、一九七九年のコヴェント・ガーデン王立歌劇場の来日公演における《魔笛》である。幕が開いた途端、ユルゲン・ローゼによる深い青を基調にした舞台美術に息を呑んだことを、今でもよく覚えている。第二幕の二重唱「パ、パ、パ」で、次々パパゲーノ／パパゲーナと同じ格好をした子供たちが飛び出してくる、アウグスト・エヴァーディングによるメルヘン風の演出も素晴らしかった。このときは指揮がコリン・デーヴィスで、トーマス・アレンがパパゲーノを歌っていたが、同じ演出／美術によって行われたサヴァリッシュ指揮のバイエルン国立歌劇場公演のDVDが手に入る（ドイツ・グラモフォン）。

残念ながら映像は残っていないが、一九八〇年代にミュンヘンのキュヴィリエ劇場で観た、ギュンター・レンネルト演出の《コシ・ファン・トゥッテ》も、私のモーツァルト体験にとって原点だ。モーツァルトの《イドメネオ》が初演され、リヒャルト・シュトラウスが回り舞台による《ドン・ジョヴァンニ》や《コシ》の復活上演を行ったことでも知られるこの劇場は、ロココ様式による素晴らしく典雅な建築であって、そこであの名舞台が見られたことは幸いだった。しかもドン・アルフォンソを歌ったのはテオ・アダム。例の第二幕の終わりの方で、二人の若い男たちが彼にうながされ、元気よく「コシ・ファン・トゥッテ！」を歌わされるところ。あそこで三人は「コ・シ・ファン・トゥー・ッテ」と、一音節ごとに客席を指差して歌っていた。「みんなも一緒ですよ、みんなこういうことをするんですよ！」ということだろうか。あのときに、「モーツァルト・オペラで最も感動的なのは、実はこういう瞬間なのかもしれない」という思いが頭をよぎって、それが本書の原モチーフになったように思う。ちなみに録音ではベームの古いもの（ロンドン：アントン・デルモータ、エーリッヒ・クンツ、パウル・シェッフラーの男性陣が素晴らしい）を、私はよく聴いている。

《フィガロの結婚》については、残念ながら私は「原点」になるような舞台体験を持っていない。ちょうどオペラに夢中になり始めた大学三年の頃、ベームとウィーン国立歌劇場の一九八〇年来日公演をテレビで見て、これは録画をして何度も見た（二〇〇七年にDVDで発売された）。ただしベームの棒はかなり重くなってしまっているし、演出も凡庸で、上演としてこれが理想的なものであるとは思わない（ルチア・ポップのスザンナは本当に素晴らしいが）。ジャン＝ピエール・ポネルによるオペラ映画も有名であるが、どうしてもオペラ的な演技と映画的ショットとの齟齬が気になってしまう。録音では、古いものだが、チェザーレ・シエピがフィガロを歌ったエーリッヒ・クライバーの演奏をよく聴く（ロンドン）。普通フィガロはレポレロやパパゲーノを歌う歌手がやることが多いが、シエピのような名高いドン・ジョヴァンニ歌手が演じるフィガロは、いかにも「セヴィリアの伊達男」という味があっていい。

なお《後宮からの逃走》については、ベーム指揮／エファーディング演出のバイエルン国立歌劇場の映像（ドイツ・グラモフォン）がオーソドックスな解釈である。特にエディタ・グルベローヴァが歌うコンスタンツェは比類がない。

あとがき

今までこういうことを公に口にしたことはないのだが、私にとって「音楽史で最も偉大な作曲家」はシェーンベルクとストラヴィンスキーであり、「音楽史で最も愛おしい作曲家」はモーツァルトである。大学で授業をしていても、この三人の話題となると途端に距離がとれなくなり、話し始めるとあまりにも入れ込みすぎ、忘我の境地で熱弁をふるったのはいいが、我に返ると自分がしゃべった言葉がすべて上滑りしているように思えてきて自己嫌悪に陥るということが、これまでよくあった。この三人は私にとってタブーであって、それについて語ってはならない神聖な存在だったのかもしれない。

では一体なぜ、ことモーツァルトに限って、この禁忌を破る決心をしたのか。端的に言えばそれは、私の抱いているモーツァルト像が、どうやら世間一般で流通しているそれとあまり一致していないらしいと感じるようになり始めたからである。「真面目」と「不真面目」の間の、ぞっとするように鋭利で、悪魔的で、しかし切なくなるほど真摯な両義性――私にとってのモーツァルトの魅力はまさにこうした危うさにあるのだが、あれこれ本を読んでみても、人と話していても、こういう部分で強い共感を見出すような機会は、そう多くはなかった。

ある意味で本書執筆の最大の動機は、生誕二五〇周年に当たる昨年（二〇〇六年）にあちこちで目にした大騒ぎに対する苛立ちである。命がけの冗談を、たとえそれがあまりにも軽妙で優美だからといって、「かるーい」モードでお祭りにしてしまっていいんだろうか……？　新潮選書編集部の長井和博さんから、「モーツァルトについて何か書く気はありませんか？」とお便りを頂いたのは、私がこんな憤激にかられている最中のことだった。「後先考えず」といってもいいような勢いで、私が反射的にこのお話に飛びついたことは、言うまでもない。

勢いだけで引き受けてしまったこの仕事だが、本書を執筆していたこの秋、私は初めて「モーツァルトについて書く」ということの本当の怖さを思い知ることになる。言葉遣いの一つ一つに至るまで、これ程難儀して本を書いたことは、これまでなかった。よく演奏家が「結局モーツァルトを弾くのが一番難しい……」と口にするが、これは書くことについてもそのままあてはまる。モーツァルトの場合、空疎な言葉というものが、他の作曲家とは比べものにならない鮮明さで浮き上がって見えてしまうのだ。「ものを書く」とはおしなべてそういう行為だとも言えるだろうけれども、とりわけモーツァルトについて書くということは、自分が書きつける「ことば」の限界を世に敢えてさらす作業なのだと、身をもって知った執筆の日々ではあった。

いずれにせよ本書は、一八世紀思想についての長い研究伝統をもつ私の現在の職場環境がなかったとしたら、成立し得なかったはずのものである。そもそも筆者はコテコテの一九世紀ロマン派音楽研究から出発した人間であって、つい数年前まで一八世紀については、「アンシャン・レジームの哀しくも雅なベルばら世界」程度の認識しかなかった。啓蒙主義などと聞いても、「どうせ無知蒙昧な大衆を教え諭し覚醒させようとする、傲慢な哲学者の企てだろう」と勝手に思い込んで、根拠もなく反発していた。

一八世紀というものが、二一世紀の我々が直面しているありとあらゆる難問《アポリア》をいちはやく、そして一九世紀以降の近代市民社会などより余程潔く、冷徹に、一分の感傷をも混入させることなく見つめていた時代だったということ。そしてこれを理解することこそ、モーツァルト理解のアルファでありオメガだということ。このことに私が気づいたのは、ひとえに現在の職場（京都大学人文科学研究所）の同僚との日々の交流によるものである。

職場における富永茂樹氏を代表とする共同研究班「啓蒙の運命」では、一八世紀思想とその受容史についてのありとあらゆる主題について、その分野についての一流の研究者たちによる該博な知識に、二週間に一度触れることが出来るという幸運に恵まれた。この研究会では私自身二度の発表（一回目はアドルノ、二回目はモーツァルトについて）をする機会があったが、その際に富永氏、浅田彰氏、佐藤淳二氏（北海道大学）、長尾伸一氏（名古屋大学）から頂いたコメントは、どれも天啓とも言うべきものであった。同じく「啓蒙の運命」

研究班の参加者である斉藤渉氏（大阪大学）には、筆者が職場で行っているプライベートな原典講読会にいつも付き合って頂き、メンデルスゾーンやカントやアドルノやハイデガーのテクストについて、一言一句本当に懇切丁寧な解説をしてもらうことが出来た。また《後宮》のベルモンテは「ヒーローになり損なったヒーロー」、そして《魔笛》のタミーノは「なんでこいつがヒーローなのかさっぱり分からないヒーロー」ではないのかという形容は、斉藤氏が私の発表を聞いて口にされたものである。

筆者が職場で参加しているもう一つの研究班「第一次世界大戦の総合的研究に向けて」の代表である同僚の山室信一氏からは、「研究をする姿勢」ということについて根本的な教えを受けたと思っている。研究会の後の飲み会で山室氏が口にされた「知の風景を一変させてやるという意気込みがないのなら、最初から本など書こうと思うな！」という言葉は、まさにそれが本書の執筆の真っ最中だったこともあって、私にとって震え上がるようなプレッシャーであった。と同時に、あの「檄」というか「活」がなければ、多忙を極めた学内雑務や頻繁な東京出張で青息吐息だった今年の秋に、わずか二ヵ月で本書の原稿を書くことなど不可能であっただろうと、今にして思う。

物理的にも精神的にも本当にきつかった本書の執筆中、職場で顔を合わせると「学内外の雑務の嵐と第一次大戦研究会の合間を縫いながら、モーツァルト原稿の締め切りに追われて、本当に死にそうだ……」とこぼす筆者に、「まるで『第一次世界大戦の塹壕でモーツァルトを想う』だな。でも歴史家は八〇歳を超えてからが勝負。玉砕戦法はよくない」と、適度のブレーキをかけてくれた同僚の小関隆氏には、本当に感謝している。同じく同僚の立木康介氏の「モーツァルトで死にそうになるのならいいじゃない、それだけの価値はあるよ」という他人事のようなユーモラスなつっこみにも随分救われた。

また「自分の専門は誘惑論だ」と公言してはばからない、京大人文研のちょいわるオヤジことフランス文学／文学理論研究の大浦康介氏からは、折に触れて「男女の機微」についての楽しくも深い含蓄に満ちた「フィールドワーク体験」を聞かせてもらったが、「恋愛の哲学者としてモーツァルトを考える」という視点は、氏との日常的なつきあいがなければ想像もしなかっただろう。氏がご自分の信条として口にされた、ミラン・クンデラの「感傷とは野蛮の上部構造である」という言葉は、本書の隠れたライトモチーフになっている。何の感傷の甘みもないドライ・シャンパンのようにモーツァルトのドラマトゥルギーを眺めることで初めて、一九世紀的な「甘ったるくロマンチックな野蛮」（カルメンやトリスタンやボヴァリー夫人やアンナ・カレーニナ！）の対極にあるその人間愛が見えてくるのではないか――この着想はここから生まれた。

最後になるが、本書執筆の最大の恩人として名前を挙げたいのが、一八世紀フランスならびにポストモダン思想の研究者である王寺賢太君である。私より十歳若い同僚である彼は、一八世紀という未知の時代に踏み込むにあたっての私の最大の「指導教官」であって、何か疑問がわくといつも私は、彼の研究室を訪れて参考文献を借りたり、喫茶店で教えを請うたりしていた。一八世紀がどれだけはちゃめちゃで、ぶっ壊れていて、大胆で、エッチで、絶望的で、でも優美で、比類ないバランス感覚と人間愛に溢れていて、少し哀しげだけれど微笑みを忘れず、しかし途方もなくラディカルで、人間洞察においてぞっとする程冷酷かつ徹底的で、そしてどれだけ現代的であるか——つまりモーツァルトの音楽そのものであるか。彼が同僚でなかったなら、私は一生このことに気づくことはなかっただろう。年末年始を奥様の故郷アルゼンチンのブエノスアイレスで過ごしている王寺君に日頃の感謝を込めて。

岡田　暁生

二〇〇七年一二月三一日　京都北山にて

学術文庫版あとがき

音楽史の近代は「愛」にあふれている、いや、まみれていると言いたいほどだ――以前から私はこう思っていた。大学の授業などでも、大作曲家の作品とエロス、あるいは彼らの男女関係などに私がひどくこだわるので、学生たちには「岡田先生はコイバナ好き」ということにされていたようだ。だが「近代音楽と愛（あるいはエロスや性）」の主題は決して与太話などではなく、近代西洋音楽の本質にかかわるものだという確信が、私にはあった。この場合の「近代」とは、とりあえず「市民社会成立以後」といっていいだろう。政治史でいえばフランス革命以後、音楽史でいえばウィーン古典派の時代を宮廷社会からの過渡期として、ロマン派の時代から本格的に始まるエポックである。

ロマン派はまさに「愛まみれ」である。シューベルトの失恋ものから始まり、ショパンやリストが演出する「愛の夢」ないし「白馬の王子幻想」、ヴェルディやワーグナーで散々反復される暴走愛、果てはリヒャルト・シュトラウスの楽劇《サロメ》における倒錯愛まで。そして二〇世紀に入ってからは、ポピュラー音楽もこの「愛を歌う音楽」の歴史に参加し、現在に至っている。ポピュラー音楽はいわゆるクラシック音楽以上に、「愛を歌う音楽ジャンル」である。

ひるがえって近代以前を考えてみる。もちろん古くから音楽は愛を歌ってきた。中世末期のシャンソン、ルネサンスの世俗歌曲、モンテヴェルディのマドリガーレ、そしてバロックのオペラ・セリアなど、枚挙にいとまがない。だがこれら前近代の音楽の「愛」は、何かが近代以後と決定的に違う。現代人の多くにとってそれらは、とても「愛」とは思えないといって、あながち過言ではないかもしれない。例えばヘンデルのオペラ・セリアの英雄が愛を歌うとき、言葉は悪いかもしれないが、私は思わず鳥の求愛動作を連想する。類型化され儀礼的で、その意味では遊戯の一種とも見える愛。そこには近代以後の音楽がもつ「心理学」がない。心の襞の微分がない。フロイトいうところの、エロス（生への欲動）とタナトス（死への欲動）ないし無意識がない……。

このように考えてくるとき、私にとってまさに音楽史の決定的な転回点として現れてくるのが、モーツァルトである。もちろんまだオペラ・セリア的なものは残っている。作法に則った愛、つまりはゲーム（遊戯）としての愛だ。彼のオペラ・セリアはもちろん、オペラ・ブッファの主人公たちも、ちょっと滑稽なくらい律儀に恋愛作法を守る。だからモーツァルトのオペラ・ブッファを見て、客はよく笑う。「どうせゲーム＝プレイなんだから、ロココの恋愛遊戯なんだから、どうせ死なないんだから」ということであろう。《後宮からの逃走》のセリムも、《フィガロの結婚》の伯爵やケルビーノも、《コシ・ファン・トゥッテ》のアルバニア人に化けた男二人も、ツェルリーナに求愛する《ドン・ジョヴァンニ》の主人公すら、少なくとも一見したところは、作法を守ろうとしている。失恋の果てに自死する主人公とか、暴走の果てに愛死するカップルとか、そういうものはモーツァルトには出てこない。

しかし、である。このようにモーツァルト・オペラが「楽しいもの」と受け取られることに対して、私は昔からいら立ってきた。例えば《魔笛》の終わりの方で、パパゲーノが首をくくろうとするとき、客席に微温的な笑いが広がる――そのたび私は心のなかで、「笑ったりするな！　本人にとっては生きるか死ぬかの問題なんだ、そうモーツァルトは描いている！」とつぶやいたものだ。これは自死や愛死（パパゲーノにはその相手すらいないわけだが）にまで行って不思議ではない劇状況であり、しかしモーツァルトはギリギリのところで「寸止め」をして、なんとか均衡を回復させる。きわどい和解をもたらす。しかもそれらすべてを音楽によって表現する。モーツァルトが何よりすごいのはここである。

このことが端的にあらわれるのがフィナーレである。本書でも繰り返し強調したが、彼のオペラのフィナーレは総じて二重底である。完全にハッピーではない。一見ハッピーと見えるエンディングの底を一枚めくると、絶望や諦念や懐疑が潜んでいる。そしてそのまま宙吊りにしてドラマを終える。もう少し具体的にいえば、モーツァルトは幕切れの直前で、あまりにもシリアスな出来事を起こす。《ドン・ジョヴァンニ》の地獄落ちは典型であろう。だから、すぐその後で「めでたし、めでたし」などとやられても、素直に喜べない。モーツァルトのハッピーエンドは、「当人たちにとっては究極の悲劇」が「傍から見れば喜劇」へと反転する瞬間なのだ。苦い。しかし苦いからこそ回復された融和は真実味を持つ。こういう点でモーツァルトは情け容赦ないリアリストである。現実世界には悲劇も喜劇も存在しないことを知り抜いている。現実世界には「当人たちにとっては悲劇＝傍から見れば喜劇」しかないのだ。

これらの点でモーツァルトのオペラは極めて近代的だ。ほとんど二〇世紀の不条理演劇の先取りといいたいほどである。例えばベケットの芝居など、不気味であると同時に、どことなくコミカルであろう。不条理演劇を英語でいえばTheatre of the Absurdになる。Absurdとは「ばかばかしい」であり、「『意味』がない」だ。なにごとにも固定された「意味」をもたせない。「これにはかくかくしかじかの意味がある」として、観客を納得安堵させてくれない。「センチメンタルにならない」とも言い換えられるだろう。この意味でモーツァルト喜劇はベケットと同じように冷酷である。現実を直視させる。しかしモーツァルトは、ベケットと違って、このうえなく優美にふるまう。これがモーツァルトをして、彼の先行世代であるレッシングやディドロやゲーテやラクロの同時代人たらしめているものである。私に言わせればモーツァルトは、彼らと並ぶ「啓蒙の世紀の大思想家の一人」であって、単なる「このうえなく美しい音楽を書いた音楽史上最大の天才」ではないのだ。

ただし、「大作曲家」であれ「大思想家」であれ、モーツァルトに「大」をつけるくらい似つかわしくないことはあるまい。バッハには「大」が似合うだろうが、「大モーツァルト」などと呼ばれては、本人が一番いやがったはずだ。モーツァルトの音楽の究極の本質はここにある。

ここであらゆるモーツァルト論の中で私が一番好きなエッセイの一節を引きたいと思う。指揮者の井上道義氏が京都府立府民ホール「アルティ」における「サラ・デイヴィス・ビュクナー・モーツァルト・ピアノソナタ全曲＋α」演奏会（二〇一八年九月）のプログラムに寄せた、「モーツァルトは」という短文である。なにぶん同演奏会に行った聴衆以外の目にはまずとまらなかったはずの文章なので、かなり長めに引用したい。

隣にいたら楽しい奴だっただろう。何故かというと、君の中にあるちょっとした嘘、人のせい社会のせいにしている狡さを笑いとともにえぐり出してくれるもう一人の君のような奴だから。〔中略〕僕は本を読めば読むほど、神童と言われるような才能を持った人の人生は大変だと思うのだ。何故、自分が出来ることを他の人が出来ないのか分からないのかもしれない。きっと人がアホに見えるだろう。でも普段は普通に常人のように行動をしなければいけないのだから大変だ。そうはいっても普通の人に出来ることで、彼に出来ないことは必ずあるから、彼も普通の人と同じだけのコンプレックスを持った。

さて彼の音楽を演奏するとき、一番大切なのは「多くの表現が二重の内容を秘めていること」を知ることだ。以前、元気なころの長嶋〔茂雄〕監督と読売交響楽団のコンサート後の対談の時、立教〔大学〕時代や巨人〔軍〕に入ったばかりの時、よくモーツァルトを聴いていて、同じ曲が、ある時は自分を元気付け、ある時はあちらから悲しげに共感を求めてくるのが不思議だったと言って、そのあまりに当を得たモーツァルト像に驚嘆した。そう！楽しいのに寂しい、強いのに壊れそう、得意げなのに自信無げだったりする…。しかし何と言っても人はその人の人生を一回しか生きられない。〔中略〕彼は、のちにこんなに世界中でもてはやされることなんぞこれっぽっちも考えないうちに死んだ。

この文章を読むたび、私は深く感動する。私が言いたいこと、そして本書で言いたかったことも、ここに言い尽くされていると感じる。

公開講座などでモーツァルトの話をするとき、よく「京都大学教授でモーツァルト研究家の岡田先生」などと紹介されるのだが、そのたび私はいつも慌てて修正を入れる。「いやいや、私はモーツァルトの専門家なんかじゃありません、確かに一般のファンよりは文献も読んでいるし、作品も細かく知っているかもしれませんが、断じて私はモーツァルト研究者じゃない。みなさんと同じモーツァルトの一ファンです」と。私にとってモーツァルトの音楽は「みんなの音楽」だ。誰にでもそれを愛する権利がある。専門家とやらによる権威主義的知識独占が、これほど似合わない大作曲家は珍しい（逆にバッハやワーグナーには専門家の権威がよく似合う）。モーツァルトの音楽を愛する者なら誰でも、「私のモーツァルト」を語りたくなるし、また語る資格がある。私にとって彼の音楽はそういうものである。

「専門家」といえば、私はモーツァルトではなく、リヒャルト・シュトラウスの専門研究で音楽学のキャリアをスタートした。そしてよくよく考えてみると、リヒャルト・シュトラウスは音楽史上最大のモーツァルティアンといって過言ではない人であった。彼の指揮するモーツァルト・オペラは天下一品だったといわれ、とりわけ《コシ・ファン・トゥッテ》をオペラ・レパートリーに復活させたのは彼であった。またシュトラウスのオペラの傑作《バラの騎士》《ナクソス島のアリアドネ》《アラベラ》《カプリッチョ》はいずれも、モーツァルト・オペラの一種のユニークなリメイクであった。それは二〇世紀に蘇ったモーツァルト精神であった。だから私のモーツァルト観は、いってみればリヒャルト・シュトラウス越しのそれであるのかもしれない。

シュトラウスの故郷はミュンヘンである。モーツァルトが生まれたザルツブルクは鉄道ですぐであり、完全に同じ文化圏だ。またモーツァルトの父レオポルトが生まれたアウグスブルクは、ザルツブルクよりさらにミュンヘンに近い。毎日ここから通勤できる距離である。そして私はシュトラウス研究のためにミュンヘンに留学し、バイエルン国立歌劇場はもちろんのこと、モーツァルトの《イドメネオ》が初演された同地のキュビリエ劇場、あの素晴らしいロココ様式の劇場において、モーツァルト・オペラを何度も何度も観た。リヒャルト・シュトラウス自身が《ドン・ジョヴァンニ》や《コシ・ファン・トゥッテ》を指揮した劇場である。おそらくこれらの経験が、本書のそもそもの出発点になっていたのだろうと思う。

本書はもともと新潮選書より『恋愛哲学者モーツァルト』のタイトルで刊行された。私はこれまでずいぶんたくさんの本を書いてきたが、そのうちのベスト1が本書だといってくれる友人知人が周囲に何人もいて、私としても大変に愛着のある本であった。このたびそれを講談社学術文庫に収録することを提案してくださった原田美和子さんに心から感謝する。

また右にも書いたように、私の「モーツァルト観」とはおそらくリヒャルト・シュトラウスを通して見たそれであって、僭越は承知のうえで、本書をモーツァルティアンとしてのリヒャルト・シュトラウスに捧げたいと思う。

二〇二二年一一月　京都北山にて

岡田　暁生

KODANSHA

本書は、『恋愛哲学者モーツァルト』（新潮選書　二〇〇八年三月刊行）を
改題したものです
P 27、51、P87、P121、P171、P209：©Wikimedia Commons

岡田暁生（おかだ　あけお）

1960年京都生まれ。大阪大学大学院博士課程単位取得満期退学，京都大学人文科学研究所教授。著書に『オペラの運命』，『ピアニストになりたい！』，『クラシック音楽とは何か』，『音楽と出会う』，『音楽の聴き方』，『音楽の危機　《第九》が歌えなくなった日』，共編著に『文学・芸術は何のためにあるのか？』，訳書にテオドール・アドルノ『幻想曲風に アドルノ音楽論集』ほか。

講談社学術文庫

定価はカバーに表示してあります。

モーツァルトのオペラ
「愛《あい》」の発見《はっけん》
岡田暁生《おかだあけお》

2023年２月７日　第１刷発行

発行者　鈴木章一
発行所　株式会社講談社
東京都文京区音羽 2-12-21 〒112-8001
電話　編集（03）5395-3512
販売（03）5395-4415
業務（03）5395-3615
装　幀　蟹江征治
印　刷　株式会社ＫＰＳプロダクツ
製　本　株式会社国宝社
本文データ制作　講談社デジタル製作

ISBN978-4-06-530888-2

「講談社学術文庫」の刊行に当たって

これは、学術をポケットに入れることをモットーとして生まれた文庫である。学術は少年の心を養い、成年の心を満たす。その学術がポケットにはいる形で、万人のものになることは、生涯教育をうたう現代の理想である。

こうした考え方は、学術を巨大な城のように見る世間の常識に反するかもしれない。また、一部の人たちからは、学術の権威をおとすものと非難されるかもしれない。しかし、それはいずれも学術の新しい在り方を解しないものといわざるをえない。

学術は、まず魔術への挑戦から始まった。やがて、いわゆる常識をつぎつぎに改めていった。学術の権威は、幾百年、幾千年にわたる、苦しい戦いの成果である。こうしてきずきあげられた城が、一見して近づきがたいものにうつるのは、そのためである。しかし、学術の権威を、その形の上だけで判断してはならない。その生成のあとをかえりみれば、その根は常に人々の生活の中にあった。学術が大きな力たりうるのはそのためであって、生活をはなれた学術は、どこにもない。

開かれた社会といわれる現代にとって、これはまったく自明である。生活と学術との間に、もし距離があるとすれば、何をおいてもこれを埋めねばならない。もしこの距離が形の上の迷信からきているとすれば、その迷信をうち破らねばならぬ。

学術文庫は、内外の迷信を打破し、学術のために新しい天地をひらく意図をもって生まれた。文庫という小さい形と、学術という壮大な城とが、完全に両立するためには、なおいくらかの時を必要とするであろう。しかし、学術をポケットにした社会が、人間の生活にとってより豊かな社会であることは、たしかである。そうした社会の実現のために、文庫の世界に新しいジャンルを加えることができれば幸いである。

一九七六年六月

野間省一

神保《じんぼ》璟一郎《けいいちろう》著
クラシック音楽鑑賞事典
人々の心に生き続ける名曲の数々をさらに印象深いものとする鑑賞事典。古典から現代音楽まで作曲者と作品を網羅し、解説はもとより楽聖たちの恋愛に至るまでが語られる。クラシック音楽愛好家必携の書。

620

阿部筲人《しょうじん》著（解説・向井　敏）
俳句　四合目からの出発
初心者の俳句十五万句を点検・分類し、そこに共通して見られる根深い欠陥である紋切型表現と手を切れば、今すぐ四合目から上に登ることが可能と説く。俳句上達の秘密を満載した必携の画期的な実践入門書。

631

岡倉天心著（解説・松本三之介）
東洋の理想
明治の近代黎明期に、当時の知性の代表者のひとり天心は敢然と東洋文化の素晴らしさを主張した。「我々の歴史の中に我々の新生の泉がある」とする本書は、日本の伝統文化の本質を再認識させる名著である。

720

次田香澄全訳注
とはずがたり（上）（下）
後深草院の異常な寵愛をうけた作者は十四歳にして男女の道を体験。以来複数の男性との愛欲遍歴を中心に、宮廷内男女の異様な関係を生々しく綴る個性的な手記。鎌倉時代の宮廷内の愛欲を描いた異彩な古典。

795・796

久松真一著（解説・藤吉慈海）
茶道の哲学
茶道の本質、無相の自己とは何か。本書は、著者の茶道の実践論ともいうべき「茶道箴」を中心に展開。「日本の文化的使命と茶道」「茶道における人間形成」等の論文をもとに茶道の本道を説いた刮目の書。

813

山本健吉著
基本季語五〇〇選
『最新俳句歳時記』『季寄せ』の執筆をはじめ、多年に亘る俳句研究の積み重ねの中から生まれた季語解説の決定版。俳句研究の最高権威の手に成る基本歳時記で、作句の全てはこの五百語の熟読理解から始まる。

868

フランス絵画史　ルネッサンスから世紀末まで
高階《たかしな》秀爾《しゅうじ》著

十六世紀から十九世紀末に至る四百年間は、フランス精神が絵画の上に最も美しく花開いた時代である。美の様式を模索する芸術家群像とその忘れ難い傑作の系譜を、流麗な文章で辿る本格的通史。文庫オリジナル。

894

怪談・奇談
小泉八雲著／平川祐弘《ひらかわすけひろ》編

一八九〇年に来日以来、日本と日本の文化を深く愛し続けた小泉八雲。本書は、彼の作として知られている「耳なし芳一」「轆轤首」「雪女」等の怪談・奇談四十二篇を新訳で収録。さらに資料として原拠三十篇を翻刻した。

930

日本の心
小泉八雲著／平川祐弘編

障子に映る木影、小さな虫、神仏に通じる参道――名もない庶民の生活の中に、八雲は「無」や「空」の豊かな美しさを見た。異国の詩人が見事に描いた古き良き日本。八雲文学の中心に位置する名編。

938

明治日本の面影
小泉八雲著／平川祐弘編

美しい風土、様々な人との出会い。八雲は日本各地を旅し、激しい近代化の波の中で失われつつある明治日本の気骨と抒情を、愛惜の念をこめてエッセーに綴った。懐かしい明治日本によせた八雲の真情を読む。

943

神々の国の首都
小泉八雲著／平川祐弘編

出雲の松江という「神々の国の首都」での見聞を八雲は新鮮な驚きにみちた眼で把えた。明治二十年代の一地方都市とその周辺の風物、人々の姿を鮮やかに描いた名著。みずみずしい感動に溢れた八雲の日本印象記。

948

モーツァルト
吉田秀和著（解説・川村二郎）

わが国の音楽批評の先導者・吉田秀和の出発点にはベートーヴェンでもバッハでもなくモーツァルトの音楽があった。楽曲の細部に即して語りつつ稀有の天才の全体像を構築した、陰影に富むモーツァルト論集。

949

能・文楽・歌舞伎
ドナルド・キーン著／吉田健一・松宮史朗訳

日本の伝統芸能の歴史と魅力をあまさず語る。少年期より演劇の擒になって以来、七十年。日本人以上に日本文化に通暁する著者が、能・文楽・歌舞伎について、そのすばらしさと醍醐味とを存分に語る待望の書。

1485

ビゴーが見た日本人 諷刺画に描かれた明治
清水　勲著

在留フランス人画家が描く百年前の日本の姿。文明開化の嵐の中で、急激に変わりゆく社会を戸惑いつつもたくましく生きた明治の人々。愛着と諷刺をこめてビゴーが描いた百点の作品から〈日本人〉の本質を読む。

1499

平家物語 無常を聴く
杉本秀太郎著

『平家』を読む。それはかすかな物の気配に聴き入ることからはじまる――。「無常」なるものと向きあい、ゆれて定まらぬもの、常ならざるものを、不朽の古典をとおして描く、珠玉のエッセイ。大佛次郎賞受賞作。

1560

バーナード・リーチ日本絵日記
バーナード・リーチ著／柳　宗悦訳／水尾比呂志補訳

イギリス人陶芸家の興趣溢れる心の旅日記。独自の美の世界を創造したリーチ。日本各地を巡り、また、濱田庄司・棟方志功らと交遊を重ね、自らの日本観や芸術観を盛り込み綴る日記。味のある素描を多数掲載。

1569

古典落語
興津《おきつ》　要《かなめ》編（解説・青山忠一）

名人芸と伝統――至高の話芸を文庫で再現！　人情の機微、人生の種々相を笑いの中にとらえ、庶民の姿を描き出す言葉の文化遺産・古典落語。「目黒のさんま」「時そば」「寿限無」など、厳選した二十一編を収録。

1577

イギリス紳士のユーモア
小林章夫著

卓抜なユーモアを通して味わう英国人生哲学。山高帽にこうもり傘、悠揚迫らぬ精神から大英帝国を彩るユーモアが生れた。当意即妙、グロテスクなほどブラック、自分を笑う余裕。ユーモアで読む英国流人生哲学。

1605

《講談社学術文庫　既刊より》

バッハ＝魂のエヴァンゲリスト
礒山　雅著

なぜ、心にこれほど深い慰めをもたらすのか。人生への力強い肯定を語るのか。三百年の時を超えて人々の魂に福音を与え続ける楽聖の生涯をたどり、その音楽の本質と魅力を解き明かした名著、待望の改訂新版！

1991

漢文法基礎　本当にわかる漢文入門
二畳庵主人・加地伸行著

訓読のコツとは。助字の「語感」をどう読み取り、文章の「骨格」をいかに発見するか。一九七〇年代より版を重ねながら受験生を支え続けてきた名著を修補改訂。中国古典を最高の友人にしたい人に贈る本格派入門書。

2018

楽しき熱帯
奥本大三郎著（解説・福岡伸一）

ギリシア神話の神々の名を冠した蝶が飛び交い、獰猛な肉食魚ピラーニャが蠢く緑の魔境アマゾンで、見た、採った、釣った、飲んだ、考えた！　虫好き仏文学者ならではの、軽妙にして奥深い名紀行。

2041

寺山修司全歌集
寺山修司著（解説・塚本邦雄／穂村　弘）

短歌、俳句、詩、エッセイ、評論、演劇……。芸術のジャンルを軽々と飛び越えた鬼才。五七五七七の短歌の黄金律を、泥臭く、汗臭く、そして血腥い呪文へと変貌させる圧倒的な言語魔術に酔いしれる。

2070

風姿花伝　全訳注
市村　宏全訳注

「幽玄」「物学（物真似）」「花」など、能楽の神髄を語り、美を理論化した日本文化史における不朽の能楽書を、精緻な校訂を施した原文、詳細な語釈と平易な現代語訳で読解。世阿弥能楽論の逸品『花鏡』を併録。

2072

芭蕉全発句
山本健吉著（解説・尾形　仂）

俳諧を文学の高みへと昇華させた「俳聖」松尾芭蕉。その全発句九七三句に詳細な評釈を施し、巻末に三句索引と季語索引を付す。研究と実作の双方を見すえ、学者と表現者の感受性が結晶した珠玉の芭蕉全句集。

2096

文学・芸術

今橋理子著
江戸の花鳥画　博物学をめぐる文化とその表象

小田野直武、佐竹曙山、そして伊藤若冲。科学と芸術の結節点として花、草、虫、魚、鳥などを描く「博物図譜」に注目、日本美術史研究の風景を一変させた記念碑的著作。サントリー学芸賞・芸術選奨新人賞受賞。

2412

井波律子著
中国侠客列伝

『史記』に躍動する刺客たち、『三国志』『水滸伝』の豪傑。数多の烈女烈婦……。三千年間脈打つ侠の精神の強さとやさしさは人の心を揺さぶる。不正に敢然と立ち向かってゆく人間の姿はやっぱりカッコいい！

2413

上田秋成著／青木正次訳注
新版　雨月物語　全訳注

崇徳院や殺生関白の無念あれば朋友の信義のために命を捨てる武士あり。不実な男への女の思い、現世への執着と愛欲を捨てきれぬ苦しみ。抑えがたい情念は幽冥を越える。鬼才・上田秋成による怪異譚。（全九篇）

2419

杉本圭三郎訳
新版　平家物語（一）〜（四）　全訳注

「おごれる人も久しからず」——。権力を握った平清盛の栄華も束の間、源氏の挙兵により平家一門は都落ち、ついには西海に滅亡する。古代から中世へ、日本史上最も鮮やかな転換期を語る一大叙事詩。（全四巻）

2420〜2423

田中仙堂著
岡倉天心「茶の本」をよむ

二〇世紀初頭、日本人の美意識を西洋にアピールした岡倉天心の代表作を、現代茶道の実践家である著者が新たに邦訳し、懇切に解説。〔最終章〕から読むとわかりやすい、世界と向き合う現代人へのエール。

2427

山口桂三郎著
浮世絵の歴史　美人絵・役者絵の世界

浮世絵はどこから生まれ、どう広まったのか。誕生から歌麿・北斎・写楽らによる大衆娯楽としての全盛期、海外流出と美術品としての再評価までの流れを通観した「美術ファン」「江戸ファン」のための本格的入門書。

2433

文学・芸術

音楽の理論
門馬直美著

なぜベートーヴェン「田園」は柔らかな感興をもたらすのか。バッハの紡いだ旋律の根幹とはいかなるものか。音楽評論の泰斗が「楽理」の核心を説く。バロック以前から無調・多調音楽まで三七五の譜例採録。

2579

歌舞伎十八番集
河竹繁俊編・著（解説・児玉竜一）

七代目市川團十郎が、天保三（一八三二）年に選定した市川家代々の当り狂言十八番。『助六』『勧進帳』『暫』『景清』『毛抜』など江戸以来の脚本に詳細な註釈を付けた決定版！「外郎売」のつらねも収録。

2582

クラシック名曲の条件
諸井　誠著（解説・岡田暁生）

「モーツァルトですら名曲と言えるのは十指に満たない」――一度聴いたら忘れられない〈名曲〉と〈傑作〉の違いはどこにあるのか。第九、雨だれ、指環など、国境も時代も超えて後世に残る曲の秘密を探る。

2587

今昔物語集　天竺篇　全現代語訳
国東文麿訳

天竺（インド）の地に仏教が生まれてから展開する壮大な物語。釈迦と舎利弗、文殊ら弟子たちが苦悩し活躍する様を生き生きと描く。既刊『今昔物語集』（一）～（五）より現代語訳を抽出し、一冊に再編集。

2590

世阿弥
北川忠彦著（解説・土屋恵一郎）

約六〇〇年前、大衆芸能を芸術へと昇華させ、多くの名作を遺し、世界初の演劇論とされる『風姿花伝』を執筆した天才能楽師。彼はいったい、何者だったのか。その哲学と全業績を検証し、晩年の謎にまで迫る。

2595

〈英国紳士〉の生態学　ことばから暮らしまで
新井潤美著

ちょっとした言葉遣いにも階級があらわれる「階級にとりつかれた国」イギリス。「紳士」たらんと背伸びしてきた人々の、一〇〇年以上もの悪戦苦闘を豊かなエピソードで綴る、ほろ苦くもおかしい文化論！

2601